JN017254

表現パターンを身につける

身につける

フランス語作文

塩谷祐人 著

白水社

装丁　古屋真樹（志岐デザイン事務所）
本文デザイン　九鬼浩子（株式会社スタジオプレス）
校正協力　奥山道

はじめに

　みなさん、こんにちは。本書は、フランス語の文法を一通り学んだ人が、フランス語で書いて伝えられるようになることを目的としています。インターネットが普及したいま、フランス語圏のサービスを利用したり、フランス語圏の人とコメントを交わしたりメールをやりとりしたりと、フランス語によって日常の可能性を広げられる機会も格段に増えました。もちろんネット上に限らず、実際にフランス語圏で生活するにしても、フランス語圏に渡る準備をする段階でも、書いて伝えることは重要です。さらに言えば、日記や手帳をフランス語でつけてみると、母語で書くときは異なった考え方、異なった語彙で物事を捉える必要が出てくるので、日々の出来事も違って見えてくることでしょう。

　とはいえ、フランス語で書くとなるとハードルが高いように思われるかもしれません。実際、文法の基礎は理解しているのに、書くとなると手が止まってしまう人も少なくないようです。ただそうした人も、どのような構文を使えばいいのかがわかれば、あとは辞書を頼りにちゃんと文を作ることができる場合も多くあります。つまり、基本の形さえわかれば、後は単語を入れ替えたり、付け足したりすることで、さまざまな文が作れるようになるのです。

　言語は組み合わせでできています。それはフランス語でも日本語でも同じ。J'aime les pommes が表現できれば、pommes の部分を他の語に置き換えるだけで色々なパターンが作れますし、形容詞をつけたり、関係代名詞で説明したりすれば、より情報量の多い内容を伝えることができます。時制を変えれば、ニュアンス変えることもできます。ここで大事なのは、元は J'aime les pommes だということです。

　それならば、組み合わせの元になるパターンを身につけ、より複雑な文が書けるように段階的に練習していくことにしましょう。書く作業は、会話と違ってじっくり考えながら行うことができます。みなさんがクイズやパズルを解くように本書の練習問題に取り組むなかで、フランス語で表現できることを増やしてくだされば、著者にとってこれ以上の喜びはありません。フランス語で書く楽しみを味わっていただければ幸いです。

著者

目次

本書の構成と使い方

「言いたいこと」のテーマごとの章立て

本書は、16 の章 (Chapitre) で構成されており、伝えたい内容ごとにテーマを設定しています。各章では、テーマに合った表現パターンを 4 つの課 (Leçon) で学びます。

キーセンテンスと解説

最初に 5 つのキーセンテンスを示しています。解説を読んで、表現パターンのポイントをつかみましょう。

段階を踏んだ練習問題

3 段階の練習問題で表現パターンを定着させます。キーセンテンスの語の置き換えから並び替え作文、そして日本語をもとに一から文を組み立てます。解答例は巻末に掲載しています。

まとめの練習問題で理解度をチェック

各章末にはまとめの練習問題として、少し長めの作文問題を設けています。その章で学んだ表現パターンを駆使して挑戦してください。チェックリストは表現できるようになったことの確認、不十分なところの復習に役立ててください。「置き換えて使える Vocabulaire」は、語彙の学習はもちろん、実際にご自身のことを表現するときの参考にも活用してください。

国籍や職業を示す

| Leçon 1 | **Je suis** ～ | わたしは～です |

キーセンテンス

① Je suis japonais.　　　　　　　わたしは日本人です。

② Je suis optimiste.　　　　　　　わたしは楽観的です。

③ Je suis de Kyoto.　　　　　　　わたしは京都出身です。

④ Je ne suis pas étudiant.　　　　わたしは学生ではありません。

⑤ J'ai 18 ans.　　　　　　　　　わたしは 18 歳です。

(1) 　職業や国籍について伝えるときは、être を使って Je suis ～で表現できます。このとき通常は、冠詞は付けません。性別に合わせて、男性形か女性形を選びます。

(2) 　性格を伝えるときも Je suis ～が使えます。男性形と女性形の使い分けには注意しましょう。un peu「少し」や plutôt「どちらかと言うと」、あるいは On me dit souvent que ～「よく～と言われます」などと組み合わせると表現の幅が広がります。

(3) 　être + de ～で出身地を示すことができます。de のあとは都市名や地方名が一般的です。出身の国を表すときは、Je suis japonais.「日本人です」や Je viens du Japon.「日本から来ました」のほうがいいでしょう。なお、venir de の後は都市名も使えます。また、生まれやルーツを伝えるには être d'origine を使うこともできます（形容詞は origine にかかるので、女性形にする）。

　❖ Je **suis d'origine** japonaise.

わたしは日本人です／日本出身です／日系人です。

(4) 　否定文は動詞を ne と pas で挟みます。職業だけでなく国籍にも使えます。

　❖ Je **ne** suis **pas** japonais.　　　　　わたしは日本人ではありません。

(5) 　「わたしは～です」と伝えるときに être ではなく、avoir を使うケースもあります。年齢もそのひとつ。他にも、身体的特徴を示すときにも avoir を使います。

　❖ J'**ai** des cheveux noirs.　　　　　黒髪です。

1 基本パターンの単語を変えて、フランス語で書いてみましょう。

1) ＿＿＿ ＿＿＿＿＿ ＿＿＿＿＿＿＿＿＿. わたしはフランス人（女性）です。

2) ＿＿＿ ＿＿＿＿＿ ＿＿＿＿＿＿＿. わたしは会社員（女性）です。

3) ＿＿＿ ＿＿＿＿＿ ＿＿＿＿＿＿. わたしは公務員（男性）です。

4) ＿＿＿ ＿＿＿ ＿＿＿＿ ＿＿＿ ＿＿＿＿＿＿.

わたしは高校生（女性）ではありません。

2 並び替えて文を作ってみましょう。（ただし最初の文字も小文字にしてあります。）

1) よく楽観的だねと言われます。
(dit / je / me / on / optimiste / que / souvent / suis)

＿＿＿＿＿＿＿＿＿＿＿＿＿＿＿＿＿＿＿＿＿＿＿＿＿＿.

2) でも、本当はちょっと内気です。
(en fait / je / mais / peu / timide / suis / un)

＿＿＿＿＿＿＿＿＿＿＿＿＿＿＿, ＿＿＿＿＿＿＿＿＿＿＿＿.

3) 日本人ですが、ロンドンから来ました。
(de / japonaise / je / je / Londres / mais / suis / viens)

＿＿＿＿＿＿＿＿＿＿＿＿, ＿＿＿＿＿＿＿＿＿＿＿＿＿＿.

3 フランス語で書いてみましょう。

1) わたしは日本人です。京都出身です。

＿＿＿＿＿＿＿＿＿＿＿＿＿＿＿＿＿＿＿＿＿＿＿＿＿＿.

2) 20 歳です。

＿＿＿＿＿＿＿＿＿＿＿＿＿＿＿＿＿＿＿＿＿＿＿＿＿＿.

3) 学生ではありません。会社員です。

＿＿＿＿＿＿＿＿＿＿＿＿＿＿＿＿＿＿＿＿＿＿＿＿＿＿.

4) わたしはどちらかと言うと楽観的で、よくみんなに明るいと言われます。

＿＿＿＿＿＿＿＿＿＿＿＿＿＿＿＿＿＿＿＿＿＿＿＿＿＿.

Leçon 2　**J'aime** ～
わたしは～が好きです

キーセンテンス

1 J'aime la musique. 　　　わたしは音楽が好きです。

2 Je n'aime pas le sport. 　わたしはスポーツが好きではありません。

3 J'aime chanter. 　　　わたしは歌うのが好きです。

4 J'aime beaucoup les films. 　わたしは映画がとても好きです。

5 J'aimerais habiter à Paris. 　わたしはパリに住みたいです。

1 J'aime ～で、好きなものを伝えられます。数えられる名詞には複数形の定冠詞を、数えられない名詞には単数形の定冠詞をつけます。また比較して好みを伝える Je préfère A (à B) も便利です。

❖ Je **préfère** le café **au** thé. 　お茶よりコーヒーのほうが好きです。

2 「～が好きではない」は、否定文で表現できます。ちなみに beaucoup をつけると、「大嫌い」ではなく、「あまり好きではない」になります。trop を使って「それほど好きではない」と言うこともできます。また、「～が大嫌いです」は Je déteste ～という表現があります。

3 J'aime は名詞だけでなく、動詞（不定詞）とセットで使って「～するのが好き」と示すこともできます。また不定詞には、補語をつけることもできます。

❖ J'**aime chanter** des chansons françaises. 　フランス語の歌を歌うことが好き。

4 J'aime ～に bien や beaucoup をつけて、程度を変えることができます。一般的に程度の強さは J'aime < J'aime bien < J'aime beaucoup ですが、ニュアンスによって異なります。例えば Je t'aime beaucoup. だと友人として、Je t'aime. だと恋人として好きの意味合いが強くなります。また、「大好き」というには J'adore ～という表現もあります。

5 J'aime ～を条件法にすることで、「～したい」という願望を示すこともできます。（→ Leçon 10：希望や願望を伝える）

基本パターンの単語を変えて、フランス語で書いてみましょう。

1) ____,_____ ____ _____.　わたしはダンスが好きです。

2) _____ ___,_____ ____ ____ _____.　わたしは犬が好きではありません。

3) ____,_____ _____.　わたしは料理をするのが好きです。

4) ____,_____ _____ _____ _____

_____.　わたしはミュージカルがとても好きです。

 並び替えて文を作ってみましょう。（ただし最初の文字も小文字にしてあります。）

1) チョコレートは好きだけど、チーズはそれほど好きじゃない。
(aime / aime / chocolat / fromage / j' / je / le / le / mais / n' / pas / trop)

_____.

2) 公園を散歩するのが好きです。
(aime / bien / dans / j' / le / me / parc / promener)

_____.

3) 猫より犬のほうが好き。(aux = à + les)
(aux / chats / chiens / je / les / préfère)

_____.

 フランス語で書いてみましょう。

1) クラシックは大嫌いだ。ポップのほうが好き。

_____.

2) 友だちとカフェでおしゃべりするのがすごく好き。（おしゃべりする = bavarder）

_____.

3) 現代アートはあまり好きじゃないです。（現代アート = art contemporain）

_____.

4) 海外で働いてみたいです。

_____.

Leçon 3　**Je parle** ~ / **J'habite** ~

わたしは~語が話せます／
わたしは~に住んでいます

キーセンテンス

1 Je parle (le) français. 　　　　わたしはフランス語が話せます。

2 J'habite à Tokyo. 　　　　わたしは東京に住んでいます。

3 J'habite près de l'université. 　わたしは大学の近くに住んでいます。

4 Je ne parle pas bien l'anglais. 　わたしは英語があまり話せません。

5 J'ai habité à New York.

　　　　わたしはニューヨークに住んでいたことがあります。

(1) 「話せます」は、直訳して Je peux parler ~ と言うと不自然になります。「~語を話す」のときは言語に冠詞をつけないのが一般的ですが、外国語としての言語を示す場合は定冠詞をつけ、どの程度できるか副詞で説明することもできます。

❖ Je parle **bien le** français. 　　　　フランス語をうまく話せます。

(2) 住んでいる場所を示すには J'habite à ~ を使います。à のあとには都市や町の名が入ります。国名の場合は男性名詞の国であれば au、女性名詞の国であれば en を使います。

(3) 住んでいる場所を示すには、さまざまな前置詞が使えます。près de ~「~の近く」、devant ~「~の前」、en face de ~「~の正面」などは覚えておきたい前置詞です。また、地区や住んでいる通り（arrondissement や rue）を示すときには dans、大通りや広場（avenue や place）には sur を使います。また、「一人で」tout seul や「実家で」chez mes parents も使える表現でしょう。

(4) 「話せない」は否定文を使いますが、この時も Je ne peux pas parler ~ と言わないようにしましょう。「あまり上手くない」というときは否定文と bien を組み合わせて使います。少し話せる場合の un peu も覚えておきたい表現です。

(5) 住んでいたことがある場所を言うには、複合過去形を使います。habiter 以外にも vivre（過去分詞は vécu）を使うこともできます。

基本パターンの単語を変えて、フランス語で書いてみましょう。

1) _____ _____ _____.　わたしは中国語が話せます。

2) ___'_____ _____ _____.　わたしはパリに住んでいます。

3) ___'_____ _____ _____ la _____ de Yokohama.
　　　　　　　　　　　　　　　　　　　　　　　　　　わたしは横浜駅の近くに住んでいます。

4) ___'___ _____ _____ Kyoto.
　　　　　　　　　　　　　　　　　　　わたしは京都に住んでいたことがあります。

2 並び替えて文を作ってみましょう。(ただし最初の文字も小文字にしてあります。)

1) わたしはフランス語と英語と韓国語が話せます。
(l'anglais / et / le français / le coréen / je / parle)

_____, _____.

2) 義理の両親の家の向かいに住んでいます。
(beaux-parents / chez / de / en / face / j' / habite / mes)

_____.

3) 3 年前からここに住んでいます。
(ans / depuis / ici / trois / habite / j')

_____.

3 フランス語で書いてみましょう。

1) わたしは一人暮らしをしています。

_____.

2) フランスに 1 年間、住んでいたことがあります。

_____.

3) 英語は話せませんが、フランス語はすこし話せます。

_____.

Leçon 4　**Je fais** ~

わたしは〜をします

キーセンテンス

1 Je fais du tennis.

テニスをします。

2 Je fais les courses.

買い物をします。

3 Je fais le ménage deux fois par semaine.

週に2度、掃除をします。

4 Je fais du ski en hiver.

冬はスキーをします。

5 Autrefois, je faisais souvent la cuisine.

前はよく料理をしていました。

1 faire はスポーツをする、楽器を弾く、家事をする、何かを作る……とさまざまなケースで使えます。スポーツをしたり楽器を演奏したりするときは、部分冠詞を用います。

2 courses は一般的に複数形で使用し、どちらかと言えば日常の品々の買い物のことをいい、ショッピングと区別することがあります。また ménage「家事、掃除」や cuisine「料理」、vaisselle「食器洗い」など日常ですることを伝えるときは、通常は定冠詞を用います。

  ❖ Je fais du shopping.

ショッピングをする。

  ❖ Je fais la cuisine.

料理をする。

3 頻度は［数詞］fois par［jour（日）/ semaine（週）/ mois（月）/ an（年）］の形で示せます。例えば、1日3回なら trois fois par jour です。ほかにも souvent「頻繁に」や parfois「ときおり」なども使えます。rarement を使えば、否定的なニュアンスを伝えることもできます。

  ❖ Je fais **rarement** la cuisine. / Je fais la cuisine **rarement**.

めったに料理はしません。

4 夏は en été、秋は en automne ですが、春は前置詞が異なり、au printemps になります。(à) chaque hiver「毎年冬には」などに使う chaque も覚えておくと便利でしょう。

5 過去の習慣を伝えたいときには半過去形を使います。

  ❖ Autrefois, j'**allais** souvent au cinéma, mais maintenant je regarde des films sur Internet.　前は映画館によく行っていたけど、いまはネットで映画を見ます。

基本パターンの単語を変えて、フランス語で書いてみましょう。

1) _____ _____ _____ _____. わたしはサッカーをします。

2) Je fais _____ _____ cinq _____ _____ _____.

　　　　　　　　　　　　　　　　　わたしは週に 5 回、自炊しています（料理をしています）。

3) Je _____ _____ _____ _____ _____. 夏にはサーフィンをします。

4) _____, Je _____ _____ _____ shopping.

　　　　　　　　　　　　　　　　　前はよくショッピングをしていました。

 並び替えて文を作ってみましょう。（ただし最初の文字も小文字にしてあります。）

1) ショッピングをするのが好きです。
   (aime / du / faire / j' / shopping)

   _____.

2) 毎年、夏には家族そろってキャンプをします。
   (camping / chaque / du / en / été / fais/ famille / je)

   _____.

3) 高校生の時は、水泳をやっていました。
   (de la / étais / faisais / j' / je / lycéen / natation / quand)

   _____, _____.

 フランス語で書いてみましょう。

1) めったにスポーツはしません。

   _____.

2) 春には、ときおり友だちたちと旅行をします。（ときおり = parfois）

   _____.

3) 昔は毎日ピアノを弾いていましたが、いまはフルートを吹くのが好きです。

   _____.

フランス語で書いてみましょう

こんにちは。わたしの名前はユリコです。18歳で、学生です。
京都出身で、昔は横浜に住んでいたこともありますが、いまは東京に住んでいます。
よくみんなから積極的だと言われますが、本当は内気です。
ファッションとショッピングが好きですが、スポーツも好きです。
高校生の頃は友達と週に5日テニスをしていました。
少しフランス語が話せますが、もっとうまく話せるようになりたいです。

こんにちは = Bonjour / Salut	わたしの名前は〜です = Je m'appelle 〜
本当は = 実は = en fait	もっとうまく = mieux > bien

できるようになった項目にチェックを入れましょう。

□ 年齢をいう → Leçon 1

□ 職業をいう → Leçon 1

□ 出身地をいう → Leçon 1

□ 住んでいる（いた）場所をいう
→ Leçon 3

□ 性格についていう → Leçon 1

□ 好きなものをいう → Leçon 2

□ すること、していたことをいう
→ Leçon 4

□ 話せる言語をいう → Leçon 3

□「〜したい」と願望をいう
→ Leçon 2

置き換えて使える Vocabulaire

国籍・言語 *

スペイン人／スペイン語
espagnol(e)

ドイツ人／ドイツ語
allemand(e)

イタリア人／イタリア語
italien(ne)

中国人／中国語　chinois(e)

韓国人／韓国語　coréen(ne)

職業

高校生　lycéen(ne)

会社員　employé(e)

公務員　fonctionnaire

料理人　cuisinier / cuisinière

パティシエ　pâtissier / pâtissière

ダンサー　danseur / danseuse

性格

内気な　timide

真面目な　sérieux / sérieuse

陽気な　gai(e)

引っ込みがちな　passif / passive

積極的な
actif / active, positif / positive

感じがいい
sympathique / sympa（口語）

好き・嫌い

犬／猫　chien 男 / chat 男

肉／魚　viande 女 / poisson 男

野菜　légume 男

チーズ　fromage 男

（テレビ）ゲーム　jeu (vidéo) 男

動画を見る　regarder des vidéo

ファッション　mode 女

読書　lecture 女

料理／料理をする cuisine 女 / cuisiner

旅行／旅行をする voyage 男 / voyager

おしゃべりをする bavarder

映画 ** 　cinéma 男 / film 男

クラシック音楽　musique classique 女

ポップミュージック
musique pop 女

ミュージカル　comédie musicale 女

フルート／ギター flûte 女 / guitare 女

ジョギング／サッカー
jogging 男 / foot 男

水泳／サーフィン natation 女 / surf 男

外国語　langue étrangère 女

＊＊ 映画全般のことを言う時は cinéma、
一本ずつの作品には film を使います。

＊「〜語」は定冠詞の le をつけて示します。一方、「〜人」と総称で示すときは les を付けます。
また一般的に「〜人」の最初は大文字にします。
❖ le français フランス語／ les Français フランス人
国名との違いにも気をつけましょう：Espagne 女 スペイン、Allemagne 女 ドイツ、
Italie 女 イタリア、Chine 女 中国、Corée du Sud 女 韓国

家族関係をいう

Leçon 5　**J'ai** ~　　　　　　　　　　　わたしには～がいます

キーセンテンス

1 J'ai un frère.　　　　　　　　わたしには弟／兄がひとりいます。

2 Je n'ai pas de sœur.　　　　　　　　姉妹はいません。

3 J'ai un petit chat noir.　　　　　小さい黒猫を飼っています。

4 J'ai une bonne amie à Paris.　　　パリに仲のいい女友達がいます。

5 J'ai un ami qui habite à Nice.

わたしにはニースに住んでいる友人がいます。

---

1 家族の有無を伝えるときには avoir を使います。grand frère「兄」、petit frère「弟」と区別することもできますが、フランス語では年上か年下かを気にせずに単に frère だけを使うことも多いです。frère aîné「兄」、frère cadet「弟」というフォーマルな言い方も覚えておくと便利です。

2 否定文のときの不定冠詞 (un / une / des) が de に変わることに注意しましょう。ni ～を使うと「～も～もない」ということができます。

❖ Je n'ai **ni** frère **ni** sœur. / Je n'ai pas **de** frère et **de** sœur.

兄弟も姉妹もいません。

❖ Je suis fille unique. / Je suis fils unique.　　わたしは一人っ子 (娘／息子) です。

3 J'ai ～の後の名詞にいろいろな形容詞をつけることで、文を詳しくすることができます。さらにその形容詞を très などの副詞を使ってさらに広げることもできます。

❖ J'ai un chien **très mignon** et **vraiment intelligent**.

とっても可愛くて、ほんとに賢い犬を飼っています。

4 名詞に形容詞をつけたり場所などを示す補語を加えたりして、文を膨らますテクニックも身につけましょう。

5 関係代名詞を使うと、文を用いて詳しい説明を加えることができます。

基本パターンの単語を変えて、フランス語で書いてみましょう。

1) ___'___ _____ _____.　　わたしには姉妹が二人います。

2) Je ___'___ _____ ___'_____.　　わたしに叔父はおりません。

3) J'ai _____ _____ très _____ _____ Nice.
　　　　　　　　　　　　　わたしにはとても優しい祖父母がニースにいます。

4) J'ai un _____ _____ parle _____ _____.
　　　　　　　　　　　　　わたしには英語を上手に話す友人がいます。

 並び替えて文を作ってみましょう。（ただし最初の文字も小文字にしてあります。）

1) 私は、家で犬を 3 匹飼っています。
（ ai / chez /chiens / j' / moi / trois ）

_____.

2) 兄弟姉妹はいません。一人っ子なんです。
（ ai / fille / frère / je / je / n' / ni / ni / sœur / suis / unique ）

_____. _____.

3) 私にはフランス映画が大好きな友人がいます。
（ ai / aime / amie / beaucoup / films / français / j' / les / qui / une ）

_____.

4) 私にはフランス企業で働いている叔父がいます。
（ ai / dans / française / j' / oncle / qui / société / travaille / un / une ）

_____.

フランス語で書いてみましょう。

1) 賢くて、とても忠実な白い犬を飼っています。

_____.

2) 私には 100 歳になる祖父がいます。

_____.

3) 私には毎年スキーに行く友人がいます。

_____.

Leçon 6　**un ami de mon frère**　私の兄の友人

キーセンテンス

1 C'est un ami de mon frère.　彼は私の兄の友人です。

2 C'est la photo de ma famille.　これは私の家族の写真です。

3 Voilà la photo de mon petit ami.　これ、彼氏の写真。

4 Elle est une de mes amies depuis le lycée.
彼女は私の高校からの友人の一人です。

5 J'ai un ami dont le frère est un guitariste célèbre.
お兄さんが有名ギタリストの友人がいます。

1 「〜の」と所属や所有を示すには de でつないで限定します。また「私の〜」や「君の〜」には所有形容詞を使うことができます。所有形容詞は持ち主の性別ではなく、つく名詞の性数に合わせて使い分けることに注意しましょう。

2 「〜の」を示すのに、c'est 〜と組み合わせて使ってみましょう。人称代名詞の強勢形を使って「〜のです」という場合は、「de」ではなく「à」を使います。また習慣や恒常的なことをいうときにも所有形容詞が使えます。

　❖ C'est **à** moi. / C'est **à** lui.　これは私のです。／これは彼のです。

　❖ Ce n'est pas **mon** genre.　これは私の好みじゃない／性に合ってない。

3 所有形容詞は示すものの範囲を限定します。そのため、mes amis といえば話し手も聞き手も範囲がわかっている中での友人たちを示し、ひとりに限定される mon ami(e) だと、多くの場合、特定の恋人＝ mon petit(e) ami(e) の意味になります。

4 un(e) de 〜を使うと、「〜のうちの1つ」を示せます。de の後は複数形になります。

5 dont は de を内包した関係代名詞なので、所属や所有の意味を付け加えることができます。この例文の場合、le frère de cette amie（この友人「の」兄が有名ギタリスト）なので、amie と frère を dont でつないでいます。

1 基本パターンの単語を変えて、フランス語で書いてみましょう。

1) ___'_____ _____ _____ _____ _____ _____. 彼女は私の姉の友人です。

2) _____ ___'_____ pas _____ _____. 彼はわたしの兄ではありません。

3) _____ _____ _____ _____ mes _____ _____ Paris.
彼女はわたしのパリにいる友人の1人です。

4) ___'_____ _____ ami _____ la _____ _____ écrivain.
わたしには、母親が作家の友人がいます。

2 並び替えて文を作ってみましょう。(ただし最初の文字も小文字にしてあります。)

1) これはわたしの中学時代の友人たちの写真です。
(amies / collège / de / de / mes / photo / une / voilà)
_____.

2) これ、誰の？　－わたしの。
(à / à / c'est / c'est / moi / qui)
_____? － _____.

3) わたしの兄のうち一人は、東京に住んでいます。
(à / de / frères / habite / mes / Tokyo / un)
_____.

4) わたしには母親がデパートで働いている友人がいます。
(amie / dans / dont / grand magasin / j'ai / la mère / travaille / un / une)
_____.

3 フランス語で書いてみましょう。

1) わたしの彼氏は、姉の高校時代のときの友人です。
_____.

2) 彼女はわたしの子どものときからの親友の一人です。(子どものとき＝ enfance)
_____.

3) これはわたしの叔父、父の弟です。
_____.

Leçon 7 **Il est ~ / Elle est ~**　　　　彼／彼女は〜です

キーセンテンス

1 Ma sœur est avocat.　　　　わたしの姉は弁護士です。

2 Elle est très sympa.　　　　彼女はとてもいい人です。

3 Elle a les cheveux longs.　　　　彼女の髪は長いです。

4 Elle aura vingt-huit ans le mois prochain.

彼女は来月、28 歳になります。

5 Elle a trois ans de plus que moi.　彼女はわたしより 3 歳年上です。

---

1 第三者の職業や国籍について伝えるときは、être を使って Il est ~ /Elle est ~ で表現できます。また、「〜になる」と devenir を使って職業をいうときも、être のときと同様に冠詞はつけないのが一般的です。

❖ Ma sœur **est devenue** institutrice.　　　　姉は小学校の先生になりました。

2 性格を伝えるときも Il est ~ / Elle est ~が使えます。性質を示す形容詞は très やvraiment などの副詞を使ってニュアンスを付け加えることができます。

❖ Elle est **vraiment** gentille.　　　　彼女は本当に親切です。

3 身体的特徴をいうときは avoir を使いますが、「彼女の髪」や「彼女の目」であっても、体の部分には所有形容詞 (son, sa, ses) ではなく、定冠詞（le, la, les）を使います。

❖ Il a **les yeux** noirs.　　　　彼は黒い目をしている。

4 年齢をいうときは avoir を使います。キーセンテンスでは、三人称の単純未来形を使っています。

5 年齢差など名詞の分量の差は、数値に de plus que / de moins que をつけて表すことができます。

❖ Mon père a dix ans **de moins que** ma mère.　父は母より 10 歳年下です。

基本パターンの単語を変えて、フランス語で書いてみましょう。

1) _____ _____ _____ _____ _____ piano.　私の兄はピアノの先生です。

2) Il _____ _____ _____.　彼はとても優しいです。

3) _____ _____ ___ _____ 60 ans _____ _____ _____.

　　　　　　　　　　　　　　　　　　　　　　　父は先月、60 歳になりました。

4) Il ___ les _____ _____ _____ très _____.

　　　　　　　　　　　　　　　　彼は、黒くてとても大きな目をしています。

 並び替えて文を作ってみましょう。(ただし最初の文字も小文字にしてあります。)

1) 私の祖母は、今年 80 歳になります。とても魅力的な人です。
(80 ans / année / aura / cette / charmante / elle / est / grand-mère / ma /très)

_____. _____.

2) 私の弟は 4 月にエンジニアになりました。
(devenu / en avril / est / frère / ingénieur / mon)

_____.

3) 私には、あなたより 1 歳年上の兄がいます。
(a / an / de / frère / j'ai / plus / que / qui / toi / un / un)

_____.

 フランス語で書いてみましょう。

1) 私の母はフランス語の教師で、姉は数学の教師です。

_____.

2) 私の姪は双子で、彼女たちは先月 3 歳になりました。(双子 = jumeau / jumelle)

_____.

3) 彼女たちは、2 人とも黒い髪をしています。(2 人とも = tous les deux)

_____.

4) 私の従姉妹は私よりも 5 歳年下です。

_____.

Leçon 8　**Je la vois souvent**

キーセンテンス

1 J'ai une amie à Paris. Je la vois souvent.

パリに友人がいて、彼女とよく会います。

2 Je lui ai envoyé des messages.　その人にメッセージを送りました。

3 Je sors avec elle.　　　　　　　　　　　彼女と出かけます。

4 Elle et moi sommes amies depuis plusieurs années.

彼女と私は数年来の友人です。

5 J'ai un ami avec qui je sortais souvent.

よく一緒に出かけていた友人がいます。

1　前に出てきた目的語（キーセンテンスだと une amie）を代名詞（la）に置き換えることで、繰り返しを避けることができます。

2　代名詞は直接目的語なのか間接目的語なのかで使い分けが必要です。envoyer は間接目的語をとる動詞(envoyer à 〜)なので、ここでは la ではなく lui になっています。また、複合過去のときの過去分詞の性数一致には注意しましょう。

❖ Tu as vu Alice ? – Oui, je l'ai **vue** hier.　アリス見た？ーうん、昨日見たよ。
直接目的語の場合は la に合わせて過去分詞 vu には e がつく。

❖ Tu as déjà envoyé un message à Alice ? – Oui, je **lui** ai déjà envoyé.

アリスにメッセージ送っちゃった？ーうん、送ったよ。
間接目的語の場合は、lui（= Alice）に一致させない（envoyée にはならない）。

3　「〜と」を示すときは avec が使えます。代名詞を置く場合は、強勢形を使います。

4　同じ役割をもつ語句（キーセンテンスでは elle も moi も主語）を「〜と」と結びつけるには、et を使います。動詞が nous の活用になっている点も注意しましょう（彼女と私＝私たち）。

5　前置詞つきの関係代名詞 avec qui を使うと、文を用いて後ろから説明を加えることができます。

1 基本パターンの単語を変えて、フランス語で書いてみましょう。

J'ai une sœur. Elle habite à New York. (私には姉がいて、彼女は NY に住んでいます。)

1) _____ _____ _____ _____. 　私は彼女に電話をしました。

2) ___'_____ _____ avec _____ _____ bonne _____.
　　　　　　　　　　　　　　　　　　　　　　　　　　　　　彼女と1時間も話をしました。

3) _____ _____ '_____ _____ _____ _____ les vacances d'été.
　　　　　　　　　　　　　　　　　　　　　　　　　　　夏休み以来、彼女と会っていません。

2 並び替えて文を作ってみましょう。(ただし最初の文字も小文字にしてあります。)

1) 私の父と私は、昨年、マドリードを訪れました。
(avons / dernière / et / l'année / Madrid / moi / mon / père / visité)

_____.

2) 小さい頃、一緒によく出かけた姉がいます。
(avec / j'ai / je / j'étais / petite / quand / qui / sortais / souvent / une sœur)

_____.

3) 今は彼女とはあまり出かけませんが、彼女のことは大好きです。
(avec / beaucoup / elle / je / je / l'aime / maintenant / mais / ne / pas / sors / souvent)

_____, _____.

3 フランス語で書いてみましょう。

1) 私には、よく一緒に旅行をする友人がいます。(関係代名詞 avec qui を使う)

_____.

2) 彼女と私は幼馴染です。(幼馴染 = ami d'enfance)

_____.

3) 昨日、彼女に次の旅行の計画を提案しました。(〜に提案する = proposer à 〜)

_____.

Chapitre 2 まとめ：家族や友達を紹介する

私の父は英語の先生で、母はジャーナリストです。
あと、3歳年上の兄がいます。
これは、私の高校のときの女友達たちの写真です。
彼女は小学校のときからの親友の一人で、今はパリに住んでいます。
彼女にはよくメールを送ります。彼女が日本にいたときは、たくさん彼女と出かけました。
夏休みには、彼女に会いにフランスに行く予定です。
彼女には日本好きのフランス人の友人たちがいます。
彼らとフランス語で話してみたいです。

あと（それから）＝それに＝ aussi
〜の予定 = penser 〜 / prévoir de 〜（→ Leçon 12）

できるようになった項目にチェックを入れましょう。

□ 第三者の職業をいう → Leçon 7

□ 兄弟などの有無を伝える → Leçon 5

□ 年齢や年齢差を示す → Leçon 7

□「私の〜」など所有や関係を示す
　　　　　　　　　→ Leçon 6

□「私の〜のひとつ」と言う → Leçon 6

□「誰に」や「誰と」を示す → Leçon 8

□ 関係代名詞を使って説明する
　　　　　　　　　→ Leçon 5

置き換えて使える Vocabulaire

家族関係

家族	famille 女
子ども	enfant
息子／娘	fils / fille
叔父／伯父	oncle
叔母／伯母	tante
父方の	paternel(le)
母方の	maternel(le)
遠い親戚	parent(e) éloigné(e)
近い親戚	parent(e) proche
双子（双子の）	jumeau / jumelle
従兄弟／従姉妹	cousin(e)
友人	ami(e)
幼なじみ	ami(e) d'enfance
仲間	camarade
知り合い	connaissance
古くからの友人	vieil ami / vieille amie
同居人	colocataire

性格・特徴

きれい	joli(e)
かわいい	mignon(ne)

気前がいい・おおらかな	généreux / généreuse
～が得意な	être bon(ne) / fort(e) *
控えめな	modeste
わがままな	capricieux / capricieuse
物静かな	calme
礼儀正しい	poli(e)
優しい	gentil(le)
意地が悪い	méchant(e)

紹介に使える動詞

会う	voir
メールを書く	écrire un e-mail
電話をする	téléphoner
待ち合わせをする	donner rendez-vous
気が合う	s'entendre avec
友人になる	devenir ami(e) avec
紹介する	présenter
出会う	rencontrer
別れる	quitter
喧嘩する	disputer

*スポーツやゲームには à を、教科などには en を使います。

❖ une amie qui est bonne en maths 数学が得意な友人
　une amie qui est bonne aux échecs チェスが得意な友人

Chapitre 3 : したいことを伝える

欲しいものを示す

Leçon 9　**Je veux ~**　　　　　　　　　　　　　　～したい

キーセンテンス

1 Je veux une grande maison.　　大きな家が欲しいです。

2 Je veux savoir la vérité.　　本当のことが知りたいです。

3 Je voudrais réserver deux places.　2席予約したいのですが…。

4 Je veux qu'il vienne ce soir.　　彼に今夜来てもらいたい。

5 J'aurais voulu discuter avec eux.

　　　　　　　　　　本当は、彼らと話し合いがしたかった。

(1) 欲しいものを伝えるときは、Je veux ～に欲しいもの（名詞）をつけます。

(2) Je veux ～は名詞と組み合わせるだけでなく、動詞（不定詞）をつけることができます。

(3) vouloir の条件法現在（je voudrais）を使えば、婉曲的で丁寧な言い方になります。

(4) Je veux que ～を使えば、望むことを文で伝えることもできます。この場合、que の後の文の動詞は接続法を使うので注意しましょう。また主節と従属節の主語が別になることが基本です。Je veux que je reste chez moi. (私は自宅にいたい) は不自然。この場合は、Je veux rester chez moi. を使います。

　❖【比較】Je veux que tu restes chez moi.　　君には私の家にいて欲しい。

(5) 過去の願望を示すときは過去形を使いますが、条件法過去を使うと、後悔のニュアンスを付け加えることができます。

　❖ Je n'ai pas voulu quitter la France.　　私はフランスを離れることを拒んだ。

　❖ Je ne voulais pas quitter la France.　　私はフランスを離れたくなかった。

　❖ Je n'**aurais** pas **voulu** quitter la France.

　　　　フランスを離れたくなかったんだ。(本当は離れたくなかったけど、離れた)

基本パターンの単語を変えて、フランス語で書いてみましょう。

1) _____ _____ _____ café.　コーヒーが欲しいです。

2) _____ _____ _____ _____ France.　フランスに残りたいです。

3) Je _____ _____'_____ _____.　私は彼女に歌って欲しい。

4) ___'_____ _____ _____ le château de Versailles.

ヴェルサイユ宮殿を訪れたかったのになあ…。

2 並び替えて文を作ってみましょう。（ただし最初の文字も小文字にしてあります。）

1) オペラ座のガイド付きツアーに参加したいのですが…。
(de l'Opéra / du / je / théâtre / la visite guidée / suivre / voudrais)

_____.

2) バイオリニストになりたかったなぁ。
(être / j'aurais / violoniste / voulu)

_____.

3) みんなに幸せでいて欲しい。
(heureux / je / que / soit / tout le monde / veux)

_____.

3 フランス語で書いてみましょう。

1) いつかフランスで働きたい。（いつか = un jour）

_____.

2) 彼に嘘をつくつもりじゃなかった。
（嘘をつく = mentir　つもりじゃなかった = したくなかった）

_____.

3) 私の愛犬には長生きしてもらいたい。（愛犬 = mon chien）

_____.

Leçon 10　**J'aimerais** ~ / **Je désire** ~ 　～したい

キーセンテンス

1 Je n'aime pas perdre du temps.　　時間を無駄にしたくない。

2 J'aimerais avoir un chien.　　　　犬が飼いたいなぁ。

3 Désirez-vous boire quelque chose ?　何か飲み物いりますか？

4 Je désire ma fille heureuse.　　娘には幸せでいてもらいたい。

5 J'aimerais que tu viennes avec moi.

　　　　　　　　　　一緒に来てもらいたいんだけど。

1 aimer は「～が好き」だけでなく、不定詞と合わせて「～したい」というときにも使えます。ただし、J'aime を使うと「～するのが好き」になることも多く、願望を示すときは条件法の J'aimerais ～を使うほうが一般的です。（→ Leçon2）

2 aimer を条件法にすることで、「できないかも」という気持ちを残して願望を伝えることができます。キーセンテンスでは不定詞をつけていますが、名詞をつけることもできます。

3 désir「欲望、願望」の動詞形 désirer を使っても欲望や願望を伝えることができます。

4 やや古い表現ですが、désirer ＋目的語＋属詞の構文で自分ではなく目的語になるものにこうあって欲しいと伝えることができます。目的語を代名詞にして désirer の前に置くこともできます。属詞が目的語と性数一致することにも注意しましょう。

　❖ Je **vous désire** plus **attentifs**.　　君たちには、もっと注意深くあって欲しい。

5 aimer や désirer の後に que を置いて文をつなげることもできます。この場合、que の後の文の動詞は多くの場合接続法をとります。主語と que の後の主語は別の人であることにも気をつけましょう。例えば J'aimerais que j'achète une voiture とは言いません。

　❖ J'aimerais que **mon père change** d'avis.

　　　　　　　　　　父さんが意見を変えてくれたらなぁ。

基本パターンの単語を変えて、フランス語で書いてみましょう。

1) _____ ___'_____ _____ _____ ces exercices.　この練習はしたくない。

2) _____ _____ - vous ?　（お店の人のセリフ）何をお探しですか？

3) ___'_____ _____ vous me _____.
　　　　　　　　　　あなたがたには私のことを理解してもらいたいのですが。

2 並び替えて文を作ってみましょう。（ただし最初の文字も小文字にしてあります。）

1) 猫が飼いたいけど、アレルギーなんです。
(avoir / allergique / j'aimerais / je / mais / suis / un chat)

_____.

2) 新しい部長が感じのいい人だといいけど。
(désire / directeur / je / le nouveau / sympathique)

_____.

3) 待ち合わせの確認したいのですが。
(j'aimerais / notre / rendez-vous / vérifier)

_____.

4) 君たちには、この計画のことをよく考えて欲しい。
(à / bien / ce projet / j'aimerais / que / réfléchissiez / vous)

_____.

3 フランス語で書いてみましょう。

1) 来週、鎌倉に行きたいんだよね。

_____.

2) 君には、もうちょっと早く帰ってきて欲しい。（もっと早く = plus tôt）

_____.

3) あなたに１つ質問したいのですが。

_____.

Leçon 11 **Je souhaite ~ / J'espère ~** ～を願っています／～といいな

キーセンテンス

1 Je souhaite ta réussite. 君がうまくいくように願っているよ。

2 J'espère une réponse favorable. いい返事を期待しています。

3 J'espère te revoir à Paris. パリでまた会えるのを期待しているね。

4 Je souhaite que vous passiez de bonnes vacances.
楽しいバカンスをお過ごしください。

5 J'espère qu'il fera beau demain. 明日は晴れるといいな。

---

1 souhaiter の後に名詞を置けば、期待や希望を伝えることができます。代名詞（間接目的語）を souhaiter の前に置くこともできます。

❖ Je **te souhaite** beaucoup de bonheur. 君にたくさんの幸せがありますように。

2 souhaiter は「願う、祈る」に近く espérer は「期待する」に近いニュアンスになります。

3 不定詞をつけることもできます。souhaiter のほうは不定詞の前に de が入ります。

❖ Je **souhaite de** te revoir à Paris. パリでまた会えるように祈ってるね。
ただし主語と不定詞の主語が同一人物の場合は、de が省略されることもあります。

4 Je souhaite que に続く文の動詞は接続法を使います。また、過去のことにはあまり使いません。Je souhaite que vous ayez passé de bonnes vacances.（楽しいバカンスを過ごされたことと願っております）は不自然。

5 J'espère que は過去、現在、未来のどの出来事にも使えます。que の後の文の動詞は直説法を使いますが、否定文・疑問文の時は接続法を使います。

❖ J'espère que vous **avez passé** de bonnes vacances.
楽しいバカンスを過ごされたことと思います。

1 基本パターンの単語を変えて、フランス語で書いてみましょう。

1) _____ vous _____ un bon _____.　よいご旅行を。

2) ___'_____ _____ un bon cadeau.　いいプレゼントが見つかるといいな。

3) Mes parents _____ _____ je _____ médecin.
　　　　　　　　　　　　　　　両親は俺が医者になることを期待してるんだよ。

2 並び替えて文を作ってみましょう。（ただし最初の文字も小文字にしてあります。）

1) すぐに出発したいです。
   (je / de / partir / souhaite / suite / tout)

   _____.

2) 全部うまくいくといいな。
   (bien / j'espère / que / tout / ira)

   _____.

3) 彼女がもうすぐ帰ってくることを願ってる。
   (bientôt / de / je / lui / rentrer / souhaite)

   _____.

4) （新年の挨拶で）あなたにとって、良い年になりますように。
   (année / bonne et heureuse / je / souhaite / te / une)

   _____.

3 フランス語で書いてみましょう。

1) 携帯がない。部屋に置き忘れたんだったらいいけど。（置き忘れる = laisser）

   _____.

2) あなたが明日の会議に出席してくれるよう期待しています。（出席する = assister à）

   _____.

3) ゼミでの君の発表、うまくいくように願ってるね。（うまくいく = se passer bien）

   _____.

Leçon 12　**Je pense ~ / Je compte ~**　～するつもり

キーセンテンス

1 Je pense aller en France cet été. この夏、フランスに行こうと思ってる。

2 Je compte partir demain.　　　　　　　　明日、出発するつもり。

3 J'ai l'intention de quitter mon appartement.

アパートを出るつもりなんだ。

4 Je n'avais pas l'intention de te vexer.

気を悪くさせるつもりはなかったんだよ。

5 J'ai prévu de visiter le château de Versailles.

ヴェルサイユ宮殿を見ることにしてます。

1 penser は、不定詞をつけて予定や意図を伝えることができます。一般的に vouloir「～したい」よりも弱い願望が表せます。

2 compter ＋不定詞も意図を伝えることができますが、日常会話や親しい相手との間で使う表現です。また compter を使う場合には、不確定の要素が残っているニュアンスもあり、Je compte partir demain だと、何らかの事情で出発できない可能性もあることが暗に示されていることもあります。

3 avoir l'intention de ＋不定詞は、penser や compter よりも強く、vouloir よりも弱い程度の意図を示すことができます。se proposer de ＋不定詞も同じように使えますが、こちらは改まった表現になります。

❖ Je **me propose d'**examiner votre proposition.

ご提案を検討したいと思います。

4 avoir l'intention de ＋不定詞は否定文だと「～するつもりはない」になり、特に半過去で使うと「本当はそんなつもりじゃなかった」と謝罪や後悔を示すことができます。

5 prévoir de ＋不定詞を使えば計画していることを示すことができます。複合過去形なら確定している計画、現在形であれば計画中のものになります。

❖ Je **prévois d'**aller à la mer.　　　　　　海に行く計画があります。

基本パターンの単語を変えて、フランス語で書いてみましょう。

1) _____ _____ _____ chez mes parents.　実家に帰るつもりだよ。

2) Je ___'_____ pas ___'_____ _____ _____ mes projets.

　　　　　　　　　　　　　　　　　　　　　　　計画を変えるつもりはありません。

3) _____ _____ de _____ mes vacances dans le Midi.

　　　　　　　　　　　　　　　　　休暇は南仏で過ごそうと計画しています。

2　並び替えて文を作ってみましょう。（ただし最初の文字も小文字にしてあります。）

1) 今日の午後、何する予定？

(après-midi / cet / comptes / faire / qu'est-ce que / tu)

_____?

2) ごめん、邪魔するつもりじゃなかったんだ。

(de / déranger / désolé / je / l'intention / n'avais / pas / te)

_____, _____.

3) 土曜の早朝に出発する予定です。

(bon matin / de / de / j'ai / partir / prévu / samedi)

_____.

4) 5年間パリで過ごすつもりでいます。

(à Paris / ans / cinq / de / je / me / passer / propose)

_____.

3　フランス語で書いてみましょう。

1) 週末は友だち達と横浜に買い物に行く予定。

_____.

2) 午後は家で休もうと思ってる。

_____.

3) この本、買うつもりじゃなかったんだけどな。

_____.

Chapitre 3 まとめ：したいことを伝える

フランス語で書いてみましょう

お正月には、千葉の実家に帰ろうと思ってる。
飛行機のチケットを予約したかったけど席がもうなかった。
明日、列車の切符を取るつもり。
もし姉も戻って来るなら、一緒にディズニーランドに行く予定。
プーさんに会いたいんだよね。
姉は北海道で仕事してるんで、休みが取れるよう期待してる。
で、そっちは？実家帰るの？
いずれにしても、冬休み、楽しく過ごせるように願ってるね。

お正月には = pour le nouvel an　　　予約する = réserver
もうない = ne ... plus を使う　　　戻って来ている = être de retour
プーさん = Winnie l'ourson / Winnie the Pooh
いずれにしても = en tout cas　　　〜を楽しく過ごす = profiter bien de 〜

できるようになった項目にチェックを入れましょう。

☐ 予定していることを伝える
　　　　　　　　　　→ Leçon 12

☐ したかったことを伝える → Leçon 9

☐「〜するつもり」と伝える → Leçon12

☐ 希望していることを伝える
　　　　　　　　　　→ Leçon 10

☐ 期待していることを伝える
　　　　　　　　　　→ Leçon11

☐ 相手に願っていることを伝える
　　　　　　　　　　→ Leçon11

置き換えて使える Vocabulaire

食べもの・飲みもの

カフェ・オ・レ	café au lait 男
エスプレッソ	express 男
〜ジュース	jus de 〜 男
ミネラルウォーター	eau minérale 女
ビール	bière 女
ワイン	vin 男
ピッチャーの水 (水道水)	carafe d'eau 女
牡蠣	huître 女
生ハム	jambon cru 男
帆立	Saint-Jacques 女
〜の切り身*	filet de 〜 男
サーロイン	faux-filet 男
ステーキ	steak 男
クレーム・キャラメル	crème caramel 女
シャーベット	sorbet 男
〜のタルト**	tarte aux 〜 女

場所・施設

映画館	cinéma 男
劇場	théâtre 男
お店	magasin 男
ショッピングセンター	centre commercial 男
市場	marché 男
公園／庭園	parc 男 / jardin 男
中心街	centre-ville 男
郊外	campagne 女
プール	piscine 女
スポーツクラブ	club sportif 男

行動

訪れる	visiter
立ち寄る	passer
ついていく	accompagner
続ける	continuer
止める	arrêter
帰る	rentrer
とどまる	rester
楽しむ	s'amuser
祝う	fêter
〜の機会を利用する	profiter de 〜

3
したいことを伝える

* de のあとにつく主な魚に saumon 男 サーモンや daurade 女 鯛、sole 女 ヒラメなどがあります。

** aux のあとにつく主な果物に pomme 女 リンゴ、citron 男 レモン、fraise 女 イチゴ、poire 女 ナシ、figue 女 イチジク、framboise 女 ラズベリーなどがあります。また、果物など数えられるものは aux ですが、チョコレートやジャムなど数えられない場合は au / à la でつなぎます。　❖ une tarte au chocolat / une tarte à la confiture

したことを伝える

Leçon 13 **J'ai déjà visité ~ / Je viens de ~** ～に行ったことがある／
～したところ

キーセンテンス

1 J'ai déjà visité le musée du Louvre. ルーブル美術館に行ったことがある。

2 Je n'ai jamais essayé le vin blanc.

白ワインって飲んでみたことないんですよ。

3 Je suis allé à New York trois fois. ニューヨークには3回行ったことがある。

4 Je viens de lui envoyer un e-mail. いま、彼にメールを送ったとこ。

5 Je n'ai vu mon client qu'une seule fois.

自分の客に一度しか会ったことない。

1 経験を語るには複合過去が使えます。avoir と過去分詞の間に déjà「すでに」を入れることで、経験済みであることが示しやすくなります。

2 複合過去の否定文で、未経験の出来事を伝えることができます。pas の代わりに jamais を使うと、未経験であることを示しやすくなります。また pas encore も使える表現です。

❖ Je n'ai **pas encore** essayé le vin blanc.

白ワインはまだ飲んでみたことないんですよ。

3 回数を示す fois も、経験を示す複合過去と相性のいい表現です。数詞と合わせて使います。質問するときは combien de を使います。

❖ **Combien de fois** es-tu allé à N.Y. ? ニューヨークに何回行ったことがあるの？

4 venir de ＋不定詞を使えば近い過去「～したばかり」を示すことができます。「彼に」や「君に」など目的語の代名詞を使うときは不定詞の前に置く点も注意しましょう。

5 「～しかない」の ne ～ que と回数表現を合わせて使うと、「～回しか」と限定することができます。1回のときは seule を入れることで「たった1回」とニュアンスを強めることができます。「～以来」の depuis も合わせて使いやすい表現です。

❖ Je **n'**ai vu ma nièce **que deux fois depuis** l'année dernière.

去年から姪っ子に2回しか会ってない。

1 基本パターンの単語を変えて、フランス語で書いてみましょう。

1) ___'_____ _____ _____ ce film.　その映画、もう見たことあるよ。

2) ___'_____ _____ à sa sœur _____ _____.

彼の妹とは 2 回話したことがあるよ。

3) _____ n'ai _____ _____ _____ le document.　まだ書類は送ってません。

2 並び替えて文を作ってみましょう。(ただし最初の文字も小文字にしてあります。)

1) 水族館って、行ったことないな。
(à / allé / jamais / je / l'aquarium / ne / suis)

_____.

2) ちょうど今、到着したところ。
(d'arriver / je / juste / viens)

_____.

3) エスカルゴは一回しか食べたことないです。
(des escargots / fois / je / mangé / n'ai / qu' / seule / une)

_____.

4)『となりのトトロ』はもう 10 回以上見たことがあるよ。(〜以上 = plus de 〜)
(déjà / dix / fois / j'ai / Mon voisin Totoro / plus de / vu)

_____.

3 フランス語で書いてみましょう。

1) 高校時代からテニスをしたのは 3 回だけです。

_____.

2) 今、あなたの留守電にメッセージを残したところでしたよ。(留守電 = répondeur)

_____.

3) 賞を獲ったことがあります。

_____.

Leçon 14　J'aimais ~

~が好きだった

キーセンテンス

① J'aimais les maths au lycée.　　高校のときは数学が好きだった。

② J'allais au concert une fois par mois.

月に1回、コンサートに行っていた。

③ J'ai quitté mon groupe parce que je n'aimais pas le rock.

ロックが好きじゃなかったんで、バンドをやめた。

④ J'ai passé un an en France.　　フランスで1年過ごした。

⑤ Je me suis bien amusé à Londres.　　ロンドンは楽しかった。

① 過去の状況や状態を示すときは半過去形を使います。「～するつもり」（→ Leçon 12）と組み合わせると、「～のつもりだったのに」と言い訳のニュアンスを加えることもできます。

❖ **J'avais l'intention de** faire mes devoirs.　　宿題、するつもりだったんだよ。

② 繰り返し行なっていたことには、半過去形を使います。数詞＋ fois par mois「月に～回」や数詞＋ fois par semaine「週に～回」（→ Leçon 4）と合わせても使いやすい表現です。

③ 一時点の行為を示す複合過去と、背景や状況を説明する半過去を使い分けましょう。

❖ **J'ai aimé** le dernier roman de Hirano.　　平野の新作の小説は気に入った。

④ passer は後に時間表現を置くと、「その時間を過ごした」と伝えられます。à ＋不定詞、à / sur ＋名詞で、したことを付け加えることもできます。

❖ **J'ai passé une heure à** ne rien faire.　　何もしないで1時間過ごしてしまった。

❖ **J'ai passé trois jours sur** la création de ce projet.

このプロジェクトの作成に3日かけた。

⑤ 代名動詞（se ＋動詞）の複合過去は être を使います。主体的にゲームや場、できごとに参加して「楽しんだ」という場合の s'amuser bien は覚えておくと便利な表現です。

基本パターンの単語を変えて、フランス語で書いてみましょう。

1) _____ __’_____ pas __’_____ au collège.

中学校のとき、英語が好きではありませんでした。

2) Est-ce que tu __’___ bien _____ à Kamakura ?　鎌倉は楽しかった？

3) __’_____ à la bibliothèque _____ _____ _____ _____.

週に 2 回は図書館に行っていた。

2 並び替えて文を作ってみましょう。（ただし最初の文字も小文字にしてあります。）

1) 彼女からの返事を待って 3 年を過ごした。
(à / ans / attendre / j'ai / passé / sa réponse / trois)

_____.

2) 昨夜のパーティーは本当にすごく楽しかった。
(à / amusé / bien / d'hier / je / la fête / me / suis / vraiment)

_____.

3) 父は毎晩のようにワインを飲んでましたよ。
(buvait / du / les soirs / mon / père / presque / tous / vin)

_____.

4) 携帯がなったとき、ちょうど彼女のことを考えていたんです。
(à / a / elle / je / justement / mon portable / pensais / quand / sonné)

_____.

3 フランス語で書いてみましょう。

1) 高校生のときは、父とうまくいってなかったんですよ。

(〜とうまくいく = s'entendre bien avec 〜)

_____.

2) 私たちは大学で出会いました。二十歳でしたね。

_____.

3) パリに行こうと思っていた。

_____.

Leçon 15 Ça fait dix ans que ~ / il y a trois ans

キーセンテンス

1 Ça fait dix ans que je le connais. 　　彼と知り合って 10 年になる。

2 Ça fait dix ans que l'on ne s'est pas vu. 　　10 年ぶりに会ったね。

3 Je suis venu à Paris il y a trois ans. 　　3 年前にパリに来た。

4 Il y a trois ans que j'habite à Paris. 　　3 年前からパリに住んでる。

5 Je l'ai revu trois ans plus tard. 　　それから 3 年後に彼と再会した。

1 Ça fait + 期間 + que で、主に口語で、出来事からどれくらい経ったかを示せます。また、現在まで続いていることであれば、現在形 + depuis で示すこともできます。

❖ Je le connais **depuis** dix ans. 　　　　彼とは 10 年前から知り合いだよ。

2 Ça fait + 期間 + que の後の文を否定文にすると、していなかった期間を表せます。また qu'on は「コン」という音を避けるため que l'on とすることがよくあります。

3 il y a +期間には（現在を基準にして）「〜前」の意味があります。

4 il y a +期間の後には que で文をつなぐことができます。que の後を現在形にするか過去形にするかで、現在も続いていることか、過去の出来事かを区別できます。

❖ Il y a trois ans **que j'ai commencé** à apprendre à dessiner.
　　　　　　　　　　　　　　　　　　　　　　3 年前に絵を習い始めた。

❖ Il y a trois ans **que j'apprends** à dessiner. 　　3 年前から絵を習っている。

5 過去を基準にする場合は、期間+ avant / plus tôt や期間+ après / plus tard を使います。

❖ Les Jeux Olympiques ont eu lieu à Paris. J'y étais venu **trois ans avant**. 　　パリでオリンピックが開催された。その 3 年前に私はこの街に来たのだった。

❖ J'ai quitté mon travail et je suis parti pour Paris **trois jours plus tard**. 　　私は仕事を辞め、その 3 日後にパリに発った。

基本パターンの単語を変えて、フランス語で書いてみましょう。

1) _____ _____ _____ _____ que ___'_____ le français.

   フランス語を習って 2 年になる。

2) _____ _____ un an _____ je ____ _____ ____ _____ à la librairie.

   もう 1 年も本屋に行ってない。

3) J'ai acheté les tickets _____ ____ ____ _____ _____.

   2 週間前、チケットを買ったよ。

2 並び替えて文を作ってみましょう。（ただし最初の文字も小文字にしてあります。）

1) 久しぶり。

(ça / fait / longtemps / ne / on / pas / qu' / s'est / vu)

_____.

2) 1 週間前から生まれ故郷の町に戻ってきている。

(dans / de retour / depuis / je / ma ville / natale / semaine / suis / une)

_____.

3) 2 年前に子供が生まれた。

(a / ans / bébé / deux / eu / il / j'ai / un / y)

_____.

4) その 1 週間後、姉にも子どもが生まれた。

(a / bébé / eu / ma / plus / semaine / sœur / tard / un / une)

_____, _____.

3 フランス語で書いてみましょう。

1) 日本に帰ってきたのは 10 年ぶりだ。（= 10 年間帰ってこなかった）

_____.

2) 先週、彼を見かけた。その 2 日後に彼は姿を消した。（姿を消す = disparaître）

_____.

3) 5 年前にこの街に引っ越してきた。（引っ越す = déménager）

_____.

43

Leçon 16 **J'aurais dû ~**   ~すべきだった

キーセンテンス

1 J'aurais dû réserver des places.   席を予約しておくべきだったな。

2 Tu aurais pu me demander conseil.

相談してくれてもよかったんじゃない。

3 Je n'aurais pas dû gaspiller mon argent.

無駄遣いしなければよかった。

4 J'ai honte de mes actes.   自分のしたことを恥ずかしく思ってる。

5 J'ai failli commettre une erreur.   危うく間違えるところだったよ。

---

1 「すべきだった」と後悔や反省を示すには、devoir や pouvoir の条件法過去（avoir の条件法現在形 + dû / pu）が使えます。

❖ J'**aurais dû** faire autrement.   別のやり方をすべきだったのに…。

❖ J'**aurais pu** faire autrement.   別のやり方だってできたのに…。

2 devoir と pouvoir の条件法過去を相手に使うことで、願望や非難を示すことができます。

3 Je n'aurais pas dû +不定詞で「〜しなければよかった」と反省を示すことができます。「こんなにも」と実際に使用した分量と比較して反省するときは autant が相性のよい語です。

❖ **Je n'aurais pas dû** dépenser **autant** d'argent.

こんなに無駄遣いしなければよかった。

4 反省して、「恥ずかしい思いをしている」と示すには avoir honte が使える表現です。avoir honte は疑問文でも使いやすいので、相手に反省を促すときにも使えます。

❖ Tu n'**as** pas **honte** de m'avoir menti ?   わたしに嘘ついて、恥ずかしくないの？

5 avoir failli +不定詞を使えば、「現実にはならなかったけど、危ないところだった」と言えます。すでに終わっていることなので、基本的に複合過去で使います（failli は faillir の過去分詞）。

❖ On **a failli** tout faire rater.   危うく全部を台無しにするところだった。

基本パターンの単語を変えて、フランス語で書いてみましょう。

1) ___'_____ _____ vous _____ de mon arrivée. 到着を知らせておくべきだった。

2) Tu ___'____ _____ _____ d'_____ _____ mon idée ?

　　　　　　　　　　　　　　　　　　　俺のアイデアを盗んで、恥ずかしくないのか？

3) Je ___'_____ _____ ____ _____ mes études. 勉強やめなきゃよかった。

 並び替えて文を作ってみましょう。（ただし最初の文字も小文字にしてあります。）

1) こんなに食べなきゃよかった。
(autant / dû / je / manger / n'aurais / pas)

_____.

2) 危うく泣きそうだったけど、我慢した。
(failli / j'ai / je / mais / me / pleurer / retenu / suis)

_____, _____.

3) それを先に言っといてくれればよかったのに。
(aurais / m'en / prévenir / pu / tu)

_____.

4) 彼女もパーティーに呼べばよかった。
(à / dû / j'aurais / l'inviter / la fête)

_____.

 フランス語で書いてみましょう。

1) 彼の連絡先をメモしておくことだってできたでしょ。

（ 連絡先 = coordonnées　メモする = noter)

_____.

2) もっと冷静でいるべきだった。（冷静な = calme）

_____.

3) 議論を続けることだってできたんだけどね。（ 議論 = discussion)

_____.

Chapitre 4 まとめ：経験を語る

フランス語で書いてみましょう

高校生のときは音楽が好きで、友だちとロックバンドを組んだんだ。

よく一緒にコンサートにも行った。

解散したときは、僕たちは 30 歳だったよ。

一度は賞ももらったことがあるんだよ。続けることだってできたんだけどね。

いまは会社員をやってる。もう会わなくなって、10 年だ。

でも 2 週間前、そのバンドの昔の仲間の一人からメールをもらってね。その 3 日後に返事をした。

それで来週、そいつと会うんだ。

バンドを組む = former un groupe de rock   解散する = se séparer
賞を取る = avoir / remporter un prix   メールをもらう = recevoir un mail
昔の仲間の一人 = un de mes vieux camarades

できるようになった項目にチェックを入れましょう。

□ 過去の経験を伝える → Leçon 13

□ 過去の習慣を伝える → Leçon 14

□ 半過去と複合過去を使う → Leçon14

□ 代名動詞の複合過去を使う
　　　　　　　　　→ Leçon 14

□ 回数をいう → Leçon13

□ 過去の反省や可能性を伝える
　　　　　　　　　→ Leçon16

□ 時間の経過について伝える
　　　　　　　　　→ Leçon15

□ 時間軸の前後関係を示す → Leçon15

置き換えて使える Vocabulaire

料理名・調理法

串焼き	brochette 女
グラタン	gratin 男
仔牛のカツレツ	escalope de veau 女
ホワイトソース煮込み	fricassée 女
ポトフ	pot-au-feu 男
肉と野菜の煮込み	ragoût 男
カスレ（豆の煮込み）	cassoulet 男
ソテーした*	sauté
ローストした*	rôti
グリルで焼いた*	grillé
燻製にした*	fumé
当店風／自家製	du chef / à la maison
季節の	de saison
盛り合わせ	assortiment 男

学校

幼稚園	école maternelle 女
小学校	école primaire 女
中学校	collège 男
高校	lycée 男
大学	université 女
学科	faculté 女

愛好会、サークル、部	club 男
～を習う	apprendre ～
～教室	cours de ～ 男
試験	examen 男
宿題、課題	devoir 男
入試、コンクール	concours 男
（サークルなど）課外活動	activité parascolaire 女

フランスの観光地

ルーブル美術館	musée du Louvre 男
オルセー美術館	musée d'Orsay 男
ポンピドゥーセンター	Centre Pompidou 男
エッフェル塔	tour Eiffel 女
凱旋門	arc de triomphe 男
オペラ座（ガルニエ宮）	palais Garnier 男
ロワールの城	châteaux de la Loire 男
ヴェルサイユ宮殿	Château de Versailles 男
モン・サン＝ミッシェル	Mont Saint-Michel 男
蚤の市	marché aux puces 男

* 食材のあとにつけて、調理法を示します。
  ❖ champignons sautés ソテーしたマッシュルーム、poulet rôti 鶏のロースト、
    agneau grillé 子羊のグリル、poisson fumé 魚の燻製
** 調味料：sucre 男 砂糖、sel 男 塩、poivre 男 胡椒、vinaigre 男 酢、
    huile d'olive 女 オリーブオイル

4
経験を語る

依頼する 1

Leçon 17　**Vous pouvez** ~ / **Tu peux** ~　　　～できますか？

キーセンテンス

1 **Pouvez-vous m'aider un peu ?**　　ちょっと手伝ってもらえますか？

2 **Tu peux me rappeler ?**　　あとでかけ直してくれる？

3 **Peux-tu venir par hasard ?**　　もしかして、来られたりする？

4 **Tu pourrais me répondre demain ?**　　明日、返事もらえるかな？

5 **Pourriez-vous m'envoyer le document ?**
　　書類を送っていただけますか？

1 pouvoir「～できる」は、疑問文で使うと依頼を示すことができます。倒置形の疑問文はやや丁寧な印象を与えることができます。また似た表現で vouloir「～したい」を使うこともできます (→ Leçon 18)。この場合の vouloir は「承諾」や「同意」を示します。

2 同じ pouvoir を使っても語尾を上げる疑問文ではやや口語的で、くだけた印象を与えることができます。文法的には倒置で Peux-tu や Puis-je と言うほうが正しいのですが、本書では口語表現として倒置をしない形も示しています。

3 tu peux や vous pouvez に par hasard をつけることで、「もしかして」「偶然にも」といったニュアンスを加えることができます。また pouvoir を使って依頼をする場合、本来の「～できますか？」の意味が残っている場合もあります。

4 pouvoir を条件法にすることで、丁寧な表現にすることができます。ただし文脈によっては、「できるのにしていない」と非難を示すことにもなります。

　❖ **Tu pourrais** m'aider un peu.　　ちょっとは手伝ってくれてもいいのに。

5 条件法で vous の倒置疑問文にすると、丁寧な依頼・要求ができます。さらに avoir la gentillesse de「親切にも～する」を使えば、よりかしこまった表現も作れます。

　❖ **Pourriez-vous avoir la gentillesse de** m'envoyer le document ?
　　書類を送っていただけますでしょうか？

基本パターンの単語を変えて、フランス語で書いてみましょう。

1) _____-_____ _____'_____ un peu？　ちょっと待ってもらえますか？

2) _____ _____ ____ _____ le sucre？　砂糖、とってもらえる？

3) _____ _____ ___'_____ de nos enfants ？
　　　　　　　　　　　　　　　　　　　　子どもたちの面倒をみておいてもらえる？

2 並び替えて文を作ってみましょう。（ただし最初の文字も小文字にしてあります。）

1) 駅までお父さんを迎えに行ってくれる？
(à / aller / chercher / la gare / peux / ton père / tu)

_____ ？

2) PDF でファイルを送っていただけますか？
(- / au format / le fichier / m'envoyer / PDF / pourriez / vous)

_____ ？

3) もしかして、彼の新しいメールアドレスを教えてもらえたりできます？
(adresse de mail / donner / hasard / me / nouvelle / par / pouvez / sa / vous)

_____, _____ ？

4) ドラン氏をご紹介いただけますでしょうか？
(- / avoir / de / gentillesse / la / M. Dolan / me / pourriez / présenter / vous)

_____ ？

3 フランス語で書いてみましょう。

1) レストラン、予約してもらえる？

_____ ？

2) 手を貸していただけませんか？（手を貸す = donner un coup de main）

_____ ？

3) 3 つ目のファイルを開いてもらえますか？（ファイル = fichier）

_____ ？

Leçon 18　**Vous voulez ~ / Tu veux ~**　　〜してくれますか？

キーセンテンス

1 Voulez-vous venir avec moi ?　　一緒に来てもらえませんか？

2 Tu veux bien venir dîner chez moi ?　　うちに夕食を食べに来る？

3 Voudriez-vous fermer la fenêtre ?　　窓を閉めていただけませんか？

4 Veuillez me contacter par mail.　　メールでご連絡ください。

5 Merci de bien vouloir me répondre le plus tôt possible.
　　できるだけ早くお返事いただけますと助かります。

1　vouloir は、「〜したい」だけでなく、倒置疑問文や命令法にすると依頼を示せます。pouvoir よりも、断られることを想定しない場合に使う傾向がややあります。

　　❖ **Veux-tu** m'accompagner cet après-midi ?　　午後、一緒に来てもらえる？

2　vouloir には「同意する、承諾する」の意味もあり、二人称で使えば依頼や勧誘を行うことができます。bien と合わせて使うことが多い用法です。また文脈によっては命令法を強める効果があります。

　　❖ **Veux-tu bien** fermer la fenêtre ?　　窓を閉めてくれない？

3　vouloir を条件法 (vous voudriez) にすることで、丁寧な依頼をすることができます。

4　vouloir の命令法は veux と voulez もありますが、tu に対して veuille、vous に対して veuillez を使うと丁寧になり、依頼やお願いをすることができます。これらは手紙やメールでよく使う表現でもあります。（→ Leçon 57）

　　❖ **Veuillez** agréer l'expression de mes sentiments distingués.　　敬具

5　Merci de bien vouloir 〜は丁寧でフォーマルな書き方です。Je vous prie de bien vouloir 〜「〜していただけますようお願いいたします」もメールで使える表現です。

1 基本パターンの単語を変えて、フランス語で書いてみましょう。

1) _____-vous _____'_____ ce soir ?　今夜、電話をもらえますか？

2) _____-_____ ___'_____ ?　付き添っていただけますか？

3) _____ _____ dire _____ à ma place.

わたしの代わりに彼によろしくお伝えください。

2 並び替えて文を作ってみましょう。（ただし最初の文字も小文字にしてあります。）

1) このペン、貸していただけますか？
(- / bien / ce / me / prêter / stylo / voulez / vous)

_____ ?

2) いつがご都合よいか、言ってください。
(dire / disponible / êtes / me / quand / veuillez / vous)

_____ .

3) 次回の会議に出席くださいますようお願いいたします。
(bien / de / je / la prochaine / participer à / prie / réunion / vouloir / vous)

_____ .

4) 敬具
(agréer / de / distingués / l'expression / mes sentiments / veuillez)

_____ .

3 フランス語で書いてみましょう。

1) いくつかサンプルを送ってもらえますか？（サンプル = échantillon）

_____ ?

2) 日曜日までにご連絡ください。（〜までに→ Leçon 32）

_____ .

3) 忌憚ない意見をお聞かせください。（忌憚ない意見 = avis sincère）

_____ .

Leçon 19 **Puis-je ~ / Je peux ~** ～してもいいですか？

キーセンテンス

1 Puis-je essayer ?　　　　　　　　　　　　やってみていい？

2 Je peux te téléphoner ce soir ?　　　　今夜、電話していい？

3 Je peux te demander un petit service ?
　　　　　　　　　　　　　　　　　　　ちょっとお願いしていい？

4 Je peux te demander de m'aider ?　　手伝い、頼んでもいい？

5 Je peux te demander de m'aider à faire la vaisselle ?
　　　　　　　　　　　　　　　　　　洗い物の手伝い、頼んでもいい？

1 pouvoir を一人称で使って、許可を求めることができます。pouvoir の je の直説法現在の活用は peux ですが、倒置疑問文のときは puis になります。また「試着していいですか」のように、何か物を試したい時は Puis-je l'essayer と言うことができます。

2 pouvoir は不定詞と組み合わせて使えますが、この不定詞に二人称の目的語をつけて相手に対する許可を求めることができます。

3 Je peux te demander ～を使って、「～をお願いできますか？」と頼むことができます。もちろん te の代わりに vous を使うことも可能です。

4 Je peux te demander ～の後は、名詞だけでなく de ＋不定詞を置いて相手にしてもらいたいことを示すことができます。

5 Je peux te demander de ＋不定詞の後に付け足すことで、さらに文を膨らませることが可能になります。

❖ **Puis-je vous demander de m'aider** à apporter ces valises au deuxième étage ?　　これらのスーツケースを 3 階に運ぶのを手伝ってもらえませんか？

❖ Est-ce que **je peux te demander d'aller** chercher ma fille ?
　　　　　　　　　　　　　　　　　　娘のお迎え、お願いできる？

基本パターンの単語を変えて、フランス語で書いてみましょう。

1) _____ _____ _____ ?　試食してみていいですか？（味をみる = goûter）

2) Je _____ ____ _____ _____ retouches ?

いくつか手直しをお願いできる？

3) Je peux ____ _____ d'_____ la fenêtre ?　窓、開けるの、お願いできる？

2 並び替えて文を作ってみましょう。（ただし最初の文字も小文字にしてあります。）

1) ちょっと頼みごとできる？
(- / demander / je / puis / quelque chose / te)

_____ ?

2) 君の同僚を僕に紹介してもらえるよう、お願いできるかな？
(de / demander / est-ce que / je / me / peux / présenter / te / tes collègues)

_____ ?

3) 私に選ばせてもらっていいですか？
(- / choisir / de / demander / je / laisser / me / puis / vous)

_____ ?

4) これらの書類を翻訳する手伝いをお願いできる？
(à / ces documents / de / demander / je / m'aider / peux / te / traduire)

_____ ?

3 フランス語で書いてみましょう。

1) この靴、試着させてもらえますか？

_____ ?

2) この計算の確認をお願いできますか？（確認する = vérifier）

_____ ?

3) ひとつお願いしていい？（倒置疑問文を使って）

_____ ?

Leçon 20 **Dis-moi ~**　　　　　　　　　　　　　　　~を教えて

キーセンテンス

1 Téléphone-moi demain.　　　　　　　明日、電話して。

2 Tu me téléphoneras demain.　　　　　明日、電話して。

3 Dis-moi à quelle heure tu arriveras.　　何時に着くか、教えて。

4 N'hésitez pas à me dire votre avis.　遠慮なく意見を言ってください。

5 Permettez-moi de vous poser une question.

質問をさせていただきます。

1 命令法を使っても依頼を行うことができます。

❖ **Va** acheter du beurre au supermarché.　　　スーパーでバター買ってきて。

2 単純未来を二人称で使うと、軽い命令や依頼の意味になります。

3 dire を命令法で使って、教えてもらいたいことを聞くことができます。疑問詞や si と合わせて使うことで応用が可能です。

❖ **Dis-moi si** tu es disponible ou pas.　　　　都合つくか教えて。

❖ **Dites-moi où** vous serez demain.　　　明日、どこにいるか教えてください。

❖ **Dis-moi ce qui** se passe.　　　　　　　何が起きてるか教えて。

4 hésiter「ためらう」の否定命令を使った、日常でよく使う表現です。N'hésitez / N'hésite pas à ~の形でそのまま使えるようにしておくと便利です。

❖ **N'hésite pas à** me proposer une date qui te convient.

都合がいい日を遠慮なく言って。

5 permettre de ~「~することを許可する」の命令法を使って、相手に許可を求める方法です。代名動詞の se permettre を使って、さらに丁寧に質問することもできます。

❖ **Puis-je me permettre** de vous rappeler ?

折り返しお電話してもよろしいでしょうか？

基本パターンの単語を変えて、フランス語で書いてみましょう。

1) _____ ____ _____ aux invités.

お客さんにコーヒーを持っていって。（命令法を使って）

2) _____-_____ _____ tu _____ _____. どこに行きたいか、言って。

3) _____ me _____ le résultat de l'examen d'hier.

昨日のテストの結果を見せなさい。

2 並び替えて文を作ってみましょう。（ただし最初の文字も小文字にしてあります。）

1) あなたが望むことを遠慮なく言ってください。
(à / ce que / dire / me / n'hésitez / pas / voulez / vous)

_____.

2) ひとつ計画を提案させてください。
(- / de / moi / permettez / plan / proposer / un / vous)

_____.

3) 旅行のキャンセルに賛成かどうか教えて。
(- / annuler / d'accord / dis / es / le voyage / moi / pour / si / tu)

_____.

4) お宅にお伺いしてもよろしいでしょうか？
(- / de / je / me / permettre / puis / rendre / visite / vous)

_____ ?

3 フランス語で書いてみましょう。

1) 都合が悪かったら、遠慮なくキャンセルしてね。

（都合が悪い＝空いていない＝ disponible を使う）

_____.

2) ひと言、付け足させていただきます。（ひと言付け足す＝ ajouter un mot）

_____.

3) ちょっと手伝ってよ。

_____.

Chapitre 5 まとめ：お願いをする

どう、元気してる？　ひとつお願いしていいかな？　どうしてもオペラ座の写真が必要なんだけど、代わりにそこに行って、撮って来てもらえる？　でも無理なら遠慮なく断ってね。

_____

_____

_____

資料をありがとうございました。質問をひとつさせていただきます。会議の日にちが 12 日になっておりますが、11 日ではないか確認していただけますでしょうか。金曜日までにお返事いただけますと助かります。

_____

_____

_____

_____

> ～が必要 = avoir besoin de ～　　　　　　代わりに = à ma place
> 無理なら遠慮なく断ってね ≒ 可能でないなら「non」って遠慮なく言ってね
> ～をありがとうございました = remercier pour ～（→ Leçon 61）
> 12 日になっております ≒ あなたは 12 日と示して（indiquer que）いますが
> ～かどうか確認する = vérifier si ～
> 助かります ≒ ～をありがとうございます（Leçon 61）

できるようになった項目にチェックを入れましょう。

□ 許可を求めることができる
→ Leçon 19

□ pouvoir を使って依頼ができる
→ Leçon 17

□ vouloir を使って依頼ができる
→ Leçon 18

□ 命令法を使って依頼ができる
→ Leçon 20

□ 丁寧に依頼ができる
→ Leçon17 / Leçon 18

置き換えて使える Vocabulaire

ネット・パソコン関係

クリックする	cliquer
ダウンロードする	télécharger
（ファイルなどを）開く	ouvrir
削除する	supprimer
プリントアウトする	imprimer
ネットに接続する	se connecter à l'internet
切断する	déconnecter
受け入れる	accepter
拒否する	refuser
登録する	s'inscrire
有効にする	activer
デジタル	numérique
ハードディスク	disque dur 男
ネットサイト	site internet 男
ブラウザ	navigateur web 男
添付ファイル	pièce jointe 女
ソフト	logiciel 男
アプリ	application 女
オンライン	en ligne

仕事

会議に参加する	assister à une réunion
資料を準備する	préparer des documents
コピーをとる	photocopier
アポをとる	prendre un rendez-vous
アポを確定する	fixer un rendez-vous
リマインドする	rappeler
～を担当する	s'occuper de ～
辞任する、辞める	démissionner
取引・ビジネス	affaire 女
仕事（口語表現）	boulot 男
報告書	compte rendu 男
給料	salaire 男
残業	heures supplémentaires 女・複
休暇	congé 男
客	client(e)
ライバル他社	concurrence 女
フルタイム	à temps plein
パートタイム	à temps partiel
テレワーク	télétravail 男

＊その他のインターネットやパソコン関連の用語：

réseau 男 ネットワーク、hors du réseau / hors de portée 圏外、
mot de passe 男 パスワード、consulter ～ sur internet ～をネットで調べる、
sauvegarder 保存する、convertir en PDF PDF に変換する、synchroniser 同期する

嬉しい

Leçon 21　**Je suis heureux / content**　　嬉しいです

キーセンテンス

1 Je suis heureux de vous voir.　　　　　お会いできて嬉しいです。

2 Je suis content d'avoir réussi à l'examen. 試験に合格して嬉しい。

3 Je suis heureuse que tu sois venu.　　　君が来てくれて嬉しいわ。

4 Je suis très content que les vacances soient arrivées.
　　　　　　　　　　　　　　　　　　ヴァカンスになってとても嬉しい。

5 Je serais heureux si vous pouviez m'expliquer en détail.
　　　　　　　　　　　　　　　　　　詳細を教えてもらえると嬉しいです。

1 être heureux / heureuse de 〜で「〜して嬉しい」と伝えることができます。de の後には人や事物、不定詞をつけることができ、不定詞は過去形にすることもできます。

❖ Je **suis heureux de** vous avoir vu.　　以前に会えたことを嬉しく思っています。

❖ J'**ai été heureux de** vous voir.　　　　以前お会いしたとき、嬉しかったです。

＊同じ「嬉しい」でも、嬉しい気分や雰囲気を示すときには、joyeux のほうが好まれます。

2 「嬉しい」は content を使うこともできます。こちらは日常的な出来事に対して使います。おおよそ heureux のほうが content より大きなことに使え、ニュアンスに応じて使い分けます。また、ravi を使えば、ややオーバーに喜びを伝えることもできます。

3 heureux / content は que で文をつなぐこともできます。que の後の文の動詞は接続法を使います。

4 文をつなぐときは、過去形 (avoir / être の接続法＋過去分詞) を使うこともできます。

5 je serais heureux si ＋半過去は、メールなどで「〜していただければ幸いです」と丁寧に言いたいときに使えます。また、être reconnaissant de bien vouloir 〜もよく使う定型文として覚えておくといいでしょう。

❖ Je vous **serais reconnaissant de bien vouloir** m'envoyer le fichier.　　　　　　　　　ファイルを送っていただければ幸いに存じます。

基本パターンの単語を変えて、フランス語で書いてみましょう。

1) Je suis _____ ____ votre _____. ご訪問いただき、嬉しく思います。

2) Je _____ _____ ___'_____ _____ un boulot.
仕事が見つかって嬉しい。

3) Je suis _____ _____'il _____ beau. 晴れて嬉しい。

② 並び替えて文を作ってみましょう。（ただし最初の文字も小文字にしてあります。）

1) 君が東京に来るって聞いて、とても嬉しい。
(à Tokyo / contente / d'apprendre / je / que / suis / très / tu / vas / venir)

_____.

2) 彼らが国の代表選手に選ばれてとても嬉しい。
(aient / été / heureuse / je / l'équipe nationale / pour / qu'ils / sélectionnés /suis / très)

_____.

3) 何が起きたのか教えていただければ、幸いです。
(ce qui / dire / heureux / je / me / pouviez / s'est passé / serais / si / vous)

_____.

4) 君からのプレゼント、とっても嬉しい。
(de / je / ravi / suis / ton cadeau)

_____.

③ フランス語で書いてみましょう。

1) パリに出張で行くことになって、本当に嬉しい。（出張で = en voyage d'affaires）

_____.

2) 試験に受かって嬉しい。

_____.

3) あなたのご予定をお知らせいただければ幸いです。
(reconnaissant を使って　予定 = plan　〜を知らせる = faire part de 〜)

_____.

Leçon 22　**Je suis impatient de ~**

キーセンテンス

1 Je suis impatient de partir tout de suite. すぐにでも出発したい。

2 J'attends ta réponse avec impatience.

君からの返事を楽しみにしてる。

3 J'ai hâte de vous revoir. また会えるのが待ち遠しいです。

4 J'attends avec plaisir le jour de paye. 給料日が楽しみだ。

5 Je me fais un plaisir d'aller boire un pot.

一緒に飲みに行くのを楽しみにしてる。

1 être impatient de +不定詞で、待ちきれない気持ちを伝えることができます。

2 名詞の impatience を使って、avec impatience でも「楽しみに待つ」といえます。brûler と合わせて brûler d'impatience で、「待ち焦がれている」ということもできます。

3 hâte は「はやる気持ち」で、avoir hâte de +不定詞を使って、「早く～したい」と示すことができます。文脈によっては、「急いで～する」にもなります。

　❖ **J'ai eu hâte de** sortir. 私は急いで出かけた。

4 plaisir「よろこび」を使って、attendre avec plaisir で「楽しみに待つ」ということができます。名詞だけでなく au plaisir de +不定詞の形でも使えます。他にも plaisir を使った表現では、avoir le plaisir de「～するのを楽しみにしている」があります。

　❖ **Au plaisir de** vous revoir à Tokyo. 東京での再会を楽しみにしています。

　❖ J'espère que nous **aurons le plaisir de** vous revoir bientôt.

近いうちにまたお目にかかるのを楽しみにしています。

5 attendre を使って楽しみに「待つ」よりも、se faire un plaisir de +不定詞を使えば、より主体的なニュアンスで「楽しみにしている」と伝えることができます。

基本パターンの単語を変えて、フランス語で書いてみましょう。

1) Je _____ _____ _____ _____ avec ma famille.

家族で旅行するのを楽しみにしてる。

2) J'_____ avec _____ ton arrivée.　君の到着を楽しみに待ってます。

3) J'ai _____ ___'_____ _____ mes grands-parents.

祖父母の家に行くのが待ちきれない。

2 並び替えて文を作ってみましょう。（ただし最初の文字も小文字にしてあります。）

1) 彼の新作の小説を読むのが楽しみだ。
(de / dernier / impatient / je / lire / roman / son / suis)

_____.

2) ヴァカンスになるのが待ち遠しい。
(d'être / en / hâte / j'ai / vacances)

_____.

3) 一緒に仕事を続けられて、嬉しいです。
(à travailler / au / avec / continuer / de / plaisir / vous)

_____.

4) あなたがたと意見交換できるのを、楽しみにしております。
(avec / d'échanger / des idées / fais / je / me / un plaisir / vous)

_____.

3 フランス語で書いてみましょう。

1) 早くフランスに行きたい。

_____.

2) コンサートがまた延期。待ち焦がれてるよ。（延期する = reporter）

_____.

3) 近いうちにまたお会いできることを楽しみにしています。（avoir le plaisir を使って）

_____.

Leçon 23 **Je suis étonné / J'ai été surpris** 驚きました

キーセンテンス

1 Je suis étonné par sa proposition. 　彼の提案に驚いています。

2 J'ai été surpris de sa manière de penser.

彼の考え方には驚かされた。

3 Je suis surpris que tu aies refusé ce poste.

君がこのポストを断ったなんて驚いた。

4 Je me suis étonné de la rencontrer là.

そこで彼女に出くわしてびっくりした。

5 Ça m'étonne qu'il soit là. 　　　まさか彼がここにいるなんて。

1 être étonné de / par で、驚いたことを示せます。de の後は不定詞もつけられます。

❖ Je **suis étonné d'apprendre** son accident.

彼の事故を知ってびっくりしている。

2 étonné は幅広く使える表現ですが、やや改まった surpris も同様に使えます。他にも、もう少し強い驚きの stupéfait、呆然としてしまう驚きの hébété といった表現があります。さらに、être bouche bée（口をぽかんと開ける＝驚嘆する）や日常で使う「驚いた」という熟語表現の Je n'en reviens pas も覚えておくと便利です。

3 être surpris や être étonné は que ＋接続法で驚いた内容を文で示すこともできます。

4 動詞 étonner「驚かす」は代名動詞として使って、自分が驚いたことを示すことができます。後ろには de ＋不定詞や que ＋接続法を使うことができます。

5 étonner は「驚かせる」なので、事物を主語にしたり Ça étonne que ＋接続法を使っても驚きを示すことができます。また Ça m'étonnerait と条件法を使えば、「もしそうであったら驚くだろう」から転じて「ありえない、まさか」という表現になります。また否定文の Ça ne m'étonne pas を使えば、「当然だよね」という意味になりますが、Tu m'étonnes「君は私を驚かせる」も、日常会話では皮肉的な反語として「そりゃそうでしょ」という意味で使われることがよくあります。また口語の「驚かせる」で、épater もよく使う表現です。

基本パターンの単語を変えて、フランス語で書いてみましょう。

1) J'____ _____ _____ par _____ _____.　彼女の態度にはびっくりしたよ。

2) Je _____ _____ _____'il ____ _____ beaucoup de monde.

　　　　　　　　　　　　　　　　　　　　　たくさんの人がいて驚いている。

3) _____ m'_____ _____ son nom ____ _____ _____ dans la liste.

　　　　　　　　　　　　　　　　　　　　　彼の名前がリストにないなんて。

2 並び替えて文を作ってみましょう。（ただし最初の文字も小文字にしてあります。）

1) 父がこんなに早く帰宅するなんて、驚きだ。
(aussi tôt / étonné / je / me / mon père / que / rentré / soit / suis)

_____.

2) すっかり変わった彼女を見て驚愕した。（すっかり、あまりに = si）
(de / été / j'ai / la / si changée / stupéfait / voir)

_____.

3) 彼が会議に出席したって？ありえない。
(à / a / assisté / ça / étonnerait / il / la / m' / réunion)

_____? _____.

4) 驚いた。彼、また仕事辞めたんだって。
(a / encore / il / je / n'en / pas / quitté / reviens / son travail)

_____. _____.

3 フランス語で書いてみましょう。

1) 彼が2度と遅刻しないって約束したって？まさか、ありえない。
　　　　　（〜と約束する = promettre que 〜　2度としない = もう決してない）

_____.

2) 弟がフランス語を始めたって聞いて驚いた。（〜と聞いて = apprendre を使う）

_____.

3) 彼が料理をしたなんて、驚きだ。（épater que を使って）

_____.

Leçon 24 **Je suis déçu / C'est dommage** がっかりした／残念だ

キーセンテンス

1 Je suis déçu par ce résultat. この結果にはがっかりだ。

2 J'ai été choqué par son accident. 彼の事故にはショックを受けたよ。

3 J'ai été déçu qu'il n'ait rien dit.

彼が何も言わなかったことにがっかりした。

4 C'est dommage que tu quittes le Japon.

君が日本を離れるなんて残念。

5 Je regrette de n'avoir pas pu sauver mon ami.

友人を救えなくて残念に思う。

1 être déçu de / par で、期待はずれだったことを伝えられます。

2 déçu よりも、強い衝撃を受けたり気分を害したりした場合、être choqué de / par が使えます。
être déçu de / être choqué de 〜は不定詞もつけられます。

3 être déçu や être choqué は que ＋接続法を使って、内容を文で示すこともできます。

4 「〜で残念だ」という気持ちを示すには、C'est dommage も使えます。内容は de ＋不定詞か que ＋接続法で説明することができますが、メールなどのやり取りで、内容がわかっていることであれば、c'est dommage だけでも伝わります。

❖ **C'est dommage** mais je ne serai pas disponible ce jour-là.

残念。でもその日は都合がつかないんだ。

5 「〜できなくて残念に思う」「申し訳ない」と伝えるには je regrette 〜が使えます。後には名詞や de ＋不定詞、que ＋接続法が置けます。また、名詞の regret を使っても「残念だ」と示すことができます。

❖ J'**ai le regret de** devoir vous annoncer une mauvaise nouvelle.

悪い知らせを伝えないといけなくて残念に思います。

❖ C'est avec **beaucoup de regrets que** je décline votre invitation.

たいへん残念ながら、ご招待をお断りいたします。

1 基本パターンの単語を変えて、フランス語で書いてみましょう。

1) Je _____ _____ _____'il ne _____ pas dans notre équipe.

彼がわれわれのチームに入っていなくてがっかりした。

2) Je _____ un _____ _____ par _____.　彼にはちょっとがっかりしたよ。

3) C'est _____ _____ le match _____ été annulé.　試合が中止になって残念。

2 並び替えて文を作ってみましょう。（ただし最初の文字も小文字にしてあります。）

1) ご一緒できなくて、本当に残念です。
(de / être / je / n'avoir / parmi / pas / pu / regrette / vous / vraiment)

_____.

2) 後悔しつつ、パリを離れた。
(avec / j'ai / Paris / quitté / regret)

_____.

3) この機会を生かさないと、もったいないよ。
(c'est / cette / de / de / dommage / ne pas / occasion / profiter)

_____.

4) 招待されなかったことに気分を害した。
(avoir / choquée / de / été / invitée / je / ne pas / suis / très)

_____.

3 フランス語で書いてみましょう。

1) とても大事な試合だっただけに、本当にがっかりしました。

(〜なだけに = d'autant plus que)

_____.

2) 残念ながら長くはいられないんですよ。(regretter を使って)

_____.

3) 今日の午後、出かけられないなんてとっても残念。

(c'est dommage を使って　とっても = tellement)

_____.

Chapitre 6 まとめ：感情を示す ①

君たちの結婚には驚いたよ。しかも新婚旅行で東京に来るなんて、とても嬉しい。去年、君たちが喧嘩したって聞いたときには驚いたけど、仲直りするってわかってたよ。もっと早く教えてくれたらよかったのに。二人に会うのが待ちきれないよ。一緒に飲みに行けたら、とっても嬉しい。

_____

_____

_____

メール、拝受いたしました。プロジェクトの成功を祝うパーティーへのお誘い、とても嬉しく思います。しかしその日は出張で名古屋におります。チームの皆さんと再会できることを楽しみしていただけに、招待をお断りするのは本当に残念です。

_____

_____

_____

> 新婚旅行 = voyage de noces　　　　　喧嘩をする = se disputer
> 仲直りする = se réconcilier　　　～になるとわかっていた = je savais que ＋条件法過去
> 〜してくれればよかった→ Leçon 16　　飲みに行く = aller prendre un pot
> 出張 = voyage d'affaire / déplacement　　断る、辞退する = décliner

できるようになった項目にチェックを入れましょう。

□ 驚いたことを伝えられる → Leçon 23　　　　□ faire plaisir が使える → Leçon22

□ 〜して嬉しいと伝えられる　　　　　　　　□ 残念な気持ちを伝えられる
　　　　　　　　　　→ Leçon 21　　　　　　　　　　　　　　　　→ Leçon24

□ 待ち遠しいと伝えられる → Leçon 22

置き換えて使える Vocabulaire

嬉しいこと / 残念なこと

勝つ*	gagner
負ける*	perdre
許可された	admis
～の成績で**	avec mention ～
失敗する	rater
(事態が) 好転する	s'améliorer
もっと悪い	encore pire
いいニュース	bonne nouvelle 女
悪いニュース	mauvaise nouvelle 女
昇格	promotion 女
贅沢な、デラックスな	de luxe
質素な	simple
良質	bonne qualité 女
粗悪	mauvaise qualité 女
ご馳走	régal 男
賞	prix 男

観光地、名作

| 観光地 | site touristique 男 |
| 歴史的建造物 | monument historique 男 |

絶景	vue magnifique 女
世界遺産	patrimoine mondial 男
よく知られた	très connu(e)
～として知られている	connu(e) comme ～
見せ物	spectacle 男
傑作	chef-d'œuvre 男
活動	activité 女

感情表現***

すごい	génial(e)
信じられない	incroyable
奇跡的	miracle
おもしろい	drôle
ヤバい	terrible
妙な、興味深い	curieux / curieuse
面倒くさい	embêtant(e)
ひどい	pénible
最悪	catastrophique
悲しい	triste
ムカつく	énervant(e)
不快	désagréable

6
感情を示す①

* 勝負に関して知っておくと便利な表現：
match nul 男 引き分け、gagner ～ matchs d'affilée [de suite] ～連勝する、
grande défaite 女 大敗、grande victoire 女 大勝ち、première place 女 / tête 女 首位
** avec mention のあとにつける成績の表現：très bien 優、bien 良の上位、
assez bien 良の下位、passable 可
*** ここに示した語は c'est ～ / ce n'est pas ～で使うことができます。

怖い／苦手

Leçon 25　J'ai peur / J'ai du mal　怖い／苦手

キーセンテンス

1 Mon fils a peur des insectes.　うちの息子は虫を怖がる。

2 J'ai du mal avec les réseaux sociaux.　SNS は苦手。

3 J'ai été pris de peur.　わたしは恐怖にとらわれた。

4 L'orage me fait peur.　雷が怖い。

5 Ça me fait peur de voyager tout seul.　ひとりで旅行するのが怖い。

1 「怖い」と伝えるときには avoir peur de が使えます。これは恐怖だけでなく、心配していることにも使える表現です。また動詞 craindre でも恐れていることを示すことができます。

　❖ Je **crains** le pire.　最悪の事態を恐れている。

2 「扱いづらい」、「相性が悪い」という意味での苦手は avoir du mal avec が使えます。より一般的には、Je n'aime pas trop 〜「そんなに好きではない」も「苦手」という意味で使える表現です。 また能力が及ばず「〜が苦手」は Je ne suis pas bon en 〜 や mal を使った表現が使えます。「それは趣味じゃない」という口語表現の ce n'est pas mon truc もよく使う表現です。

　❖ Je cuisine **mal**.　料理は苦手だ。

　❖ Je **ne suis pas bon en** dessin.　デッサンは苦手だ。

　❖ Les réseaux sociaux, **c'est pas mon truc**.　
　　SNS、僕は苦手。　＊口語ではよく n' が省かれます。

3 être pris de peur「恐怖にとらわれる」以外にも Je meurs de peur「怖くて死にそう」、Je tremble de peur 「恐怖で震える」など、peur を使って様々な表現ができます。

4 faire peur à 〜で「〜を怖がらせる」という表現になり、主語に恐怖の対象を置くことで「〜が怖い」と示すことができます。

5 ça fait peur のあとに de ＋不定詞を付けて、「〜するのが怖い」と示すこともできます。

基本パターンの単語を変えて、フランス語で書いてみましょう。

1) J'___ _____ _____ _____.　犬が怖い。

2) J'ai _____ _____ _____ mes _____.　同僚たちとうまくいってない。

3) Ça _____ _____ peur ___'_____ _____ toilettes seul ?
ひとりでトイレに行くのが怖いのかい？

2　並び替えて文を作ってみましょう。（ただし最初の文字も小文字にしてあります。）

1) 外国で車の運転をするのは怖い。
(conduire / dans / de / étranger / j'ai / peur / un pays)

_____.

2) 怖がらせないでくれよ。
(fais / me / ne / pas / peur)

_____.

3) 高校では数学が苦手だった。
(au / bon / en / je / lycée / mathématiques / n'étais / pas)

_____, _____.

4) そのニュースを聞いて、恐怖にとらわれた。
(cette / de / en apprenant / été / j'ai / nouvelle / peur / pris)

_____, _____.

3　フランス語で書いてみましょう。

1) 何を恐れているの？

_____ ?

2) 小さい頃、僕は雷が怖かった。(雷 = tonnerre)

_____.

3) 運転は苦手なので、電車で行く。

_____.

Leçon 26 **Je crains** ~ / **Je m'inquiète de** ~ 〜が心配だ

キーセンテンス

1 Je crains que mon chien ne tombe malade.

うちの犬が病気になってないか心配だ。

2 C'est ennuyeux si elle arrive en retard.

彼女が遅れてきたら困ったことになる。

3 Son retard a commencé à m'inquiéter.

彼女が遅れているので気がかりになり始めた。

4 Je m'inquiète de tout.

何もかもが心配なんです。

5 Je me fais du souci pour ma sœur.

妹のことで気をもんでいる。

1 craindre や avoir peur は、不安や心配なことを伝えるときにも使えます。より心配の度合いを強く示したいときは、redouter も使えます。これらの後には名詞や de ＋不定詞、que ＋接続法を置くことができ、虚辞の ne を伴うこともあります。

2 ennuyeux は「困った」というニュアンスで不安や心配を示すことができます。

3 出来事や原因を主語にして、inquiéter「心配させる」を使うことで心配、不安を示すことができます。être inquiet de ＋不定詞 / que 〜を使っても、心配している原因を示せます。

❖ Je **suis inquiet de** ne pas recevoir de ses nouvelles.

彼から便りがないので心配してる。

4 inquiéter は s'inquiéter の形にすれば、心配している人を主語にできます。より強い不安を示す angoisser / s'angoisser なども同じ使い方ができます。否定命令にすると「心配しないで」と言えますが、その際、口語では ne と pas を省略する形もよく使われます。

❖ **T'inquiète. / Ne t'inquiète pas**.

心配するな。

5 souci を使っても心配や気にしていることを伝えられます。se faire du souci pour 〜以外にも、avoir des soucis「心配事がある」や原因を主語にして donner du souci という表現も便利です。

❖ **J'ai des soucis** d'argent.

お金の心配をしている。

基本パターンの単語を変えて、フランス語で書いてみましょう。

1) Je _____ _____ mon ordinateur _____ _____ en _____.

パソコンが故障しないか心配だ。

2) L'état de _____ de mon _____ ___'_____.

祖父の健康状態が気にかかる。

3) Je _____ _____ du _____ _____ l'avenir de mon frère.　弟の将来が心配だ。

2 並び替えて文を作ってみましょう。（ただし最初の文字も小文字にしてあります。）

1) 昨夜は終電を逃すんじゃないかと心配していたよ。
(de / hier / j'avais / le dernier / peur / rater / soir / train)

_____, _____.

2) どうして彼が遅れているのを心配しているんだい？
(- / de / pourquoi / retard / son / t'inquiètes / tu)

_____ ?

3) 彼の皮肉な笑いが僕を不安にさせた。
(angoissé / ironique / m'a / son / sourire)

_____.

4) 父が病気なのではないかと、心配になっている。
(inquiet / je / malade / mon père / ne / que / soit / suis)

_____.

3 フランス語で書いてみましょう。

1) 雨が降ったら、困ったことになるぞ。

_____.

2) 心配するな。全てうまく行くよ。

_____.

3) 彼に 100 ユーロ貸したんだって？　それが心配だよ。（peur を使って）

_____.

Leçon 27 **Je suis jaloux / Je l'envie** うらやましい

キーセンテンス

① Je suis jaloux. うらやましい。

② Je t'envie. 君がうらやましいよ。

③ Je lui envie son talent. 彼の才能がうらやましい。

④ Tu es toujours envieux des gens.
君はいつも人をうらやましがってるんだね。

⑤ Je suis jaloux qu'il soit parti à Hawaï.
彼、ハワイに行ったんだよ、うらやましい。

---

① 一般的に羨望の気持ちを示すときは être jaloux が使えます。de ＋人／物を付けることもできます。

❖ Je **suis jaloux de** mon ami qui est toujours parfait.

いつも完璧な友人がうらやましい。

② envier を使うと「うらやましい」よりも、より「妬ましい」という気持ちを伝えられます。相手に対してもっと軽い気持ちで「うらやましい」と伝えるには、Quelle chance や Tu as de la chance も適切な表現になります。

❖ Tu as eu un chien ? **Quelle chance** ! 犬、飼ったの？うらやましい。

③ 「人の〜がうらやましい」というときは envier ＋à 人＋うらやましい対象の形で使います。一方、「人が〜してうらやましい」のときは envier ＋人＋ de 〜の形になり、直接目的語か間接目的語かに注意が必要です。

❖ Je **lui envie** sa grande maison. 彼の大きな家がうらやましい。

❖ Je **l'envie d'**avoir une si grande maison.

こんな大きな家をもってる彼がうらやましい。

④ 形容詞 envieux「うらやむ」は、一般的に話し手（je）以外の人の感情を示します。

⑤ être jaloux は que ＋接続法をつなげることもできます。

❖ Je **suis jaloux que** tu aies dîné avec le P.D.G.

社長と夕食に行った君がうらやましい。

基本パターンの単語を変えて、フランス語で書いてみましょう。

1) Je _____ _____ _____ _____ de ma sœur.　姉の成功がうらやましい。

2) Je ___'_____ ___'_____ un smartphone.　スマホをもってる彼がうらやましい。

3) Je _____ _____ son _____.　彼の勇気がうらやましい。

 並び替えて文を作ってみましょう。（ただし最初の文字も小文字にしてあります。）

1) 上司に恵まれている彼女がうらやましい。
(bon / d'avoir / je / l'envie / patron / un)

_____.

2) みんながあなたの力量をうらやんでますよ。
(compétence / envie / on / votre / vous)

_____.

3) 両親から車をもらったなんて、うらやましすぎる。
(donné / jaloux / je / que / suis / t'aient / tellement / tes parents / une voiture)

_____.

4) 彼に会う機会があったあなたがうらやましい。
(aies eu / de / jalouse / je / la chance / le / que / rencontrer / suis / tu)

_____.

 フランス語で書いてみましょう。

1) パソコンが当たったの？うらやましい。（当たる＝gagner）

_____.

2) 彼はいつも他人をうらやんでいる。（envieux を使って）

_____.

3) 限定版の DVD 買えたの？　いいなぁ。
　　　　（限定版＝en édition limitée　買えた＝買うことに成功した＝réussir à を使う）

_____.

Leçon 28 **Je suis gêné / J'ai des problèmes** 困った／問題だ

キーセンテンス

1 Je suis gêné. 困った。

2 J'ai des problèmes. 困ったことがあるんだ。

3 Quelle plaie, ce type. あいつは困ったやつだ。

4 Sa façon de parler m'énerve. 彼の話し方に腹が立つ。

5 Je suis mal à l'aise ici. ここは気づまりだ。

1 主観的に「困った」という感情を示すときには être gêné が使えます。他にもやや かしこまって être embarrassé や、やや口語的に être embêté も同様に使えます。気 づまりにさせるものを主語にして、動詞の gêner を使うこともできます。

❖ **Ça me gêne** un peu. それはちょっと気が引けます。

2 感情を示すのではなく、実際問題として悩み事があるということを示す場合、être gêné よりも avoir des problèmes を使うほうが文意に合うこともよくあります。

3 困ったことや人を言うときの口語表現に plaie や boulet があり、例えば quelle plaie や quel boulet のように使います。他にも j'en ai marre で「うんざり」という意 味の不満を表すことができます。

4 いらだたせる原因を主語にして、énerver を使えば、「いらだたせる、煩わしい」 という気持ちを示せます。他にも embêter や形容詞の énervant、embêtant を使うこ ともできます。

❖ Arrête de **m'embêter**. 困らせるのは、やめてくれ。

❖ La souris ne fonctionne pas. C'est **énervant**.

マウスが動かない。イライラする。

5 mal à l'aise は、落ち着かない状況を示すことができる表現です。

基本パターンの単語を変えて、フランス語で書いてみましょう。

1) Mon _____ ____'_____ toujours.　隣の住人は、いつも私をイラつかせる。

2) C'est une vraie _____, _____ type.　あいつは本当に厄介なやつだ。

3) Est-ce que _____ te _____ ?　気に障りますか？

2 並び替えて文を作ってみましょう。（ただし最初の文字も小文字にしてあります。）

1) 困ったな、切符を無くしちゃった。
(bien / embarrassée / j'ai / je / mon ticket / perdu / suis)

_____, _____.

2) ネットの接続に問題がある。
(connexion / de / des problèmes / internet / j'ai)

_____.

3) 彼らといると気づまりだった。
(à / avec / eux / je / l'aise / mal / me / sentais)

_____.

4) こんな生き方には、もう飽き飽きだ。
(ai / comme ça / de / j'en / marre / vivre)

_____.

3 フランス語で書いてみましょう。

1) 面倒かけて、ごめんなさい。（〜してすみません＝ je suis désolé de 〜）

_____.

2) 上司といると落ち着かない。

_____.

3) おまえの親父は、困ったやつだな。

_____.

Chapitre 7 まとめ：感情を示す ②

フランス語で書いてみましょう

— 犬を飼ったって聞いたよ。いいなぁ。うちは無理だよ、娘が動物を怖がるからさ。娘の臆病なところが、ちょっと心配。犬を連れてキャンプをしたら、楽しいだろうな。そういえば、義理の父がまた車を貸してくれって言ってきて、ちょっと困ってる。彼は運転が上手くないから、いつか僕の車を傷つけるんじゃないかと心配だよ。来週、義両親の家に行くんだけど、一緒にいるといつも気づまりなんだよなぁ。

— 娘さんのことは心配するなよ。僕も小さい時は犬が怖かったよ。しかし困った義理のお父さんだな。

> ～と聞く = entendre dire que ～
> 臆病なところ = timidité
> キャンプをする = faire du camping
> 義理の父 = beau-père
> ～を傷つける = endommager
>
> うちは無理 = ～を飼うことができない
> …だったら～だろう = ce serait ～ si ...
> そういえば = au fait
> 上手くない = 苦手→ Leçon 25

できるようになった項目にチェックを入れましょう。

□ うらやましい気持ちを伝えられる
　　　　　　　　　　→ Leçon 27

□ 困っている気持ちを伝えられる
　　　　　　　　　　→ Leçon 28

□ ～が怖いと言える → Leçon 25

□ ～しないか心配だと言える → Leçon26

□ ～が心配だと言える →Leçon26

□ 気づまりなことを伝えられる
　　　　　　　　　　→ Leçon28

置き換えて使える Vocabulaire

トラブル

問題、トラブル	problème 男
故障	panne 女
故障中	en panne
現在使用できません	hors service
遅延	retard 男
誤り、エラー	erreur 女
ミス	faute 女
誤解	malentendu 男
ヘマ（口語）	gaffe 女
～と…を混同する	confondre ～ avec ...
道に迷った	être perdu (e)
クレーム	réclamation 女
口論	dispute 女
異議申し立て	contestation 女
払い戻し	remboursement 男
不都合	empêchement 男
不確かさ	incertitude 女
悩み	souci 男
不安	inquiétude 女

職場関係

社長	PDG *
部長	directeur / directrice
課長	chef
上司	supérieur(e)
上司（口語）	boss
同僚	collègue
株式会社	société anonyme 女
有限会社	S.A.R.L. **
～課	service ～ 男 ***
役職、ポスト	poste 男

怖いもの・苦手なもの

虫	insecte 男
蛇	serpent 男
おばけ	fantôme 男
地震	tremblement de terre 男
失敗	échec 男
批判	critique 女
辛い食べ物	nourriture épicée 女
甘い食べ物	nourriture sucrée 女

* PDG = président directeur général
** S.A.R.L. = société à responsabilité limitée
*** 主な「課」や「部局」：service de la vente 営業、service du personnel 人事、service de la publicité 広報、service de marketing マーケティング
また「課」には section 女 が使われることもあります。
❖ section des affaires générales 庶務課

誘う

Leçon 29　**Tu ne veux pas** ~ / **Si** ＋半過去　　　~はどう？

> キーセンテンス
>
> **1** Tu ne veux pas venir avec nous ?　　　一緒に来ない？
>
> **2** Si on allait au cinéma ?　　　映画に行くのは、どう？
>
> **3** Que dirais-tu d'une fête entre amis ?
> 　　　　　　　　　　　　　　仲間内でのパーティーはどう？
>
> **4** Ça te dirait un café ?　　　コーヒー、どう？
>
> **5** Qu'est-ce que tu en penses ?　　　どうかな？

1 vouloir を否定疑問文で使うと誘ったり、提案したりすることができます。

2 si ＋半過去を単独で使うと、ややくだけた感じで相手を誘うことができます。

3 dire の条件法を二人称で使って、提案や勧誘をすることができます。que dirais-tu de ~は qu'est-ce que tu dirais de ~でも同様です。de の後は不定詞をつけることもできます。

❖ **Qu'est-ce que vous diriez de** faire une randonnée ?
　　　　　　　　　　　　　　ハイキングに行くのはどうかな？

4 ça te dirait でも提案、勧誘ができます。この dire は「言う」ではなく、「気に入る」「興味を引く」で、de ＋不定詞をつけることもできます。否定文にすれば、婉曲的にくだけた感じになります。また intéresser を使っても、同様の表現が作れます。

❖ **Ça te dirait pas d'**aller au restaurant dont je t'ai parlé.
　　　　　　　　前に僕が話してたレストランに行かない？　＊ pas を入れるのは口語。

❖ **Ça ne vous intéresse pas de** venir avec nous ?　　　一緒に来ませんか？

5 何か提案をした後に qu'est-ce que tu en penses をつければ、「どう思う？」と相手の意見を尋ねることができます。

❖ On pourrait aller prendre un verre, **qu'est-ce que tu en penses** ?
　　　　　　　　　　　　　　一杯飲みに行けるけど、どう？

基本パターンの単語を変えて、フランス語で書いてみましょう。

1) _____ on _____ _____ à la _____ ?

駅で落ち合うのはどう？（落ち合う = se rejoindre）

2) Vous _____ _____ _____ venir _____ moi ?　うちに来ませんか？

3) _____ vous _____ une _____ et _____ coca ce soir ?　今夜はピザとコーラでいい？

 並び替えて文を作ってみましょう。（ただし最初の文字も小文字にしてあります。）

1) 飲みに行かない？
(boire / ça / d'aller / dirait / pas / te / un pot)

_____ ?

2) ピアノを始めるのはどう？
(commencer / de / dirais / le piano / qu'est-ce que / tu)

_____ ?

3) 今夜はフランス料理を作るんだけど。どうかな？
(ce / en / français / je / penses / prépare / qu'est-ce que / soir / tu / un plat)

_____ , _____ . _____ ?

4) 時間通りに着くには、タクシーを使ったら？
(à l'heure / arriver / preniez / pour / si / un taxi / vous)

_____ ?

 フランス語で書いてみましょう。

1) 来週、ジャックの誕生日をお祝いしようと思うんだけど。どうかな？

（お祝いする = fêter）

_____ ?

2) ヨガに興味ない？（＝ヨガをすることに興味はない？）

_____ ?

3) 打ち合わせを延期するのはどうでしょう？

（dire を使って　打ち合わせ = rendez-vous）

_____ ?

Leçon 30　**Je te propose** ~

～しませんか

キーセンテンス

1 Je vous propose une petite pause.　ちょっと休憩しないか。

2 Il faut que tu boives ce vin.　このワインは絶対飲まなきゃ。

3 J'organise un voyage en groupe.　グループ旅行を企画しています。

4 Je suis disponible ce jour-là.　その日は空いてます。

5 Je suis déjà pris.　もう予定が入ってます。

1 proposer を使って、相手に話をもちかけたり提案したりできます。後には de ＋不定詞や que ＋接続法を置くこともできます。

❖ Je te **propose d'**aller voir ce film.　この映画を見に行くことを勧めるよ。

❖ Je te **propose qu'**on fasse un travail collectif.

共同で仕事するのはどうだろうか。

2 「～しなくてはならない」の il faut は、文脈に応じて相手に強く勧めるときにも使えます。que ～で文をつなぐときは que 以下の動詞は接続法を使います。

3 企画したことや段取りを伝えるときには、organiser が便利です。Leçon12 の「～するつもり」と組み合わせて使ってもよいでしょう。

4 スケジュールの都合がつく場合は、disponible や libre が使えます。

5 je suis pris は「予定があって…」と示せる便利な表現です。Je suis occupé もよく使われますが、文脈によっては「忙しくて、つきあっている暇はない」というニュアンスにもなりかねないので注意しましょう。また disponible や libre を否定文にすれば、都合が悪いと伝えることができます。

❖ Malheureusement, **je suis déjà pris**.　残念ながら、すでに予定が入ってる。

❖ Désolé, je **ne serai pas libre** ce week-end.

ごめんなさい、今週末は空いてないです。

1 基本パターンの単語を変えて、フランス語で書いてみましょう。

1) Est-ce que ＿＿＿＿ ＿＿＿＿ ＿＿＿＿＿＿＿＿ ＿＿＿＿＿＿＿＿ ？　日曜、空いてる？

2) ＿＿＿＿ ＿＿＿＿＿＿ que tu ＿＿＿＿＿＿ ce ＿＿＿＿＿＿＿.　この小説は読まないと。

3) Je te ＿＿＿＿＿＿＿ ＿＿’＿＿＿＿＿＿＿ sa ＿＿＿＿＿＿＿＿＿.

彼の要求を受け入れることを勧めるよ。

2 並び替えて文を作ってみましょう。（ただし最初の文字も小文字にしてあります。）

1) パーティーを企画しようと思ってる。
(compte / je / organiser / une fête)

＿＿＿＿＿＿＿＿＿＿＿＿＿＿＿＿＿＿＿＿＿＿＿＿＿＿＿＿＿＿.

2) 残念、今日の午後は先約があるんだ。
(après-midi / c'est / cet / déjà / dommage / je / pris / suis)

＿＿＿＿＿＿＿＿＿＿, ＿＿＿＿＿＿＿＿＿＿＿＿＿＿＿＿＿＿＿.

3) 言い争うのはやめにしないか？
(d'arrêter / de / disputer / je / nous / propose / te)

＿＿＿＿＿＿＿＿＿＿＿＿＿＿＿＿＿＿＿＿＿＿＿＿＿＿＿＿＿＿.

4) 一緒に行きたいんだけど、あいにく空いてないんだ。
(avec / bien / je / je / libre / mais / malheureusement / ne / pas / suis / venir / veux / vous)

＿＿＿＿＿＿＿＿＿＿＿＿＿＿＿＿＿＿＿＿＿＿＿＿＿＿＿＿＿＿.

3 フランス語で書いてみましょう。

1) 駅まで送って行こうか。(proposer を使って)

＿＿＿＿＿＿＿＿＿＿＿＿＿＿＿＿＿＿＿＿＿＿＿＿＿＿＿＿＿＿.

2) ジャズに興味あるの？じゃあ、このクラブには行かなきゃ。(じゃあ = alors)

＿＿＿＿＿＿＿＿＿＿＿＿＿＿＿＿＿＿＿＿＿＿＿＿＿＿＿＿＿＿.

3) 明日、会議？ごめん、予定があるんだ。(会議 = réunion　ごめん = désolé)

＿＿＿＿＿＿＿＿＿＿＿＿＿＿＿＿＿＿＿＿＿＿＿＿＿＿＿＿＿＿.

Leçon 31 **On se retrouve ~**

～で落ち合おう

キーセンテンス

1 On se retrouve devant le cinéma. 　　映画館の前で落ち合おう。

2 On se rejoint sur place. 　　　　　　現地で落ち合おう。

3 On se fixe un lieu de rendez-vous ? 待ち合わせの場所、決める？

4 Il y a un distributeur à vingt mètres d'ici.
　　　　　　　　　　　ここから 20 メートルのところに ATM がある。

5 On se verra dans le café à côté du cinéma.
　　　　　　　　　　　　　映画館の隣のカフェで会おう。

---

(1) 「待ち合わせる」や「合流する」は se retrouver や se rejoindre が使えます。「～の前」は devant ～で示します。他にも sous「～の下」や sur「～の上」などの前置詞が使えます。

(2) 「現地で」、「その場で」は sur place を使います。前に場所が示されていれば y や là-bas で示すことも可能です。ちなみにファストフードなどの「テイクアウトか店内で」は à emporter ou sur place と言います。

❖ **Tu te souviens de Pause Café ? On s'y rejoindra demain.**
　　　　　　　　ポーズ・カフェ、覚えてる？　明日はそこで落ち合おう。

(3) 場所や時間を決定するには fixer（「互いに」の意味で se fixer とすることも多い）と「場所」lieu / endroit や「日にち」date、「時間」heure を合わせて使います。また「待ち合わせをする」は se donner rendez-vous や avoir / prendre (un) rendez-vous で表現できます。

(4) 「ここから～の距離に」は à ～ d'ici で示すことができます。

(5) 待ち合わせの場所を示すには à ～や dans ～が使えますが、「～で」という日本語に引っ張られて à を使いがちです。建物の中の場合は、dans を使うほうが適切なケースが多くあります。また「～の隣」の à côté de ～も覚えておくと便利な表現です。

1 基本パターンの単語を変えて、フランス語で書いてみましょう。

1) Peux-_____ _____ le _____ et ___'_____ de _____ ?

　　　　　　　　　　　　　　　　　　　　　　待ち合わせの場所と時間、決められる？

2) Je ___'_____ _____ _____.　現地で待ってるね。

3) Nous _____ _____ _____ la _____.

　　　　　　　　　　　　　　　　　　　　　　　　　　　　図書館で待ち合わせよう。

2 並び替えて文を作ってみましょう。（ただし最初の文字も小文字にしてあります。）

1) スーパーを探してるの？ 50 メートルくらい行ったらあるよ。
　(à environ / cherches / cinquante / d'ici / est / il / mètres / supermarché / tu / un)
　_____ ? _____.

2) 新宿の大ヴィジョンの下で待ち合わせよう。
　(- / à Shinjuku / écran / grand / le / retrouvons / nous / sous)
　_____.

3) 駅のホームで待ち合わせるのはどうだろう？
　(de / la gare / le quai / on / retrouvait / se / si / sur)
　_____ ?

4) 大学の前の本屋知ってる？そこで待ち合わせよう。
　(connais / devant / l'université / là-bas / la librairie / on / rejoint / se / tu)
　_____ ? _____.

3 フランス語で書いてみましょう。

1) 私は市役所の向かいのレストランで働いてます。(向かい = en face de)

　_____.

2) クレープ屋さんとお肉屋さんの間の道を入ってきて。(〜の間 = entre A et B)

　_____.

3) パン屋の右隣のカフェにいるよ。(右側の = à droite de)

　_____.

Leçon 32 **J'arrive vers dix heures**　　10 時ごろに着く

キーセンテンス

1 J'arrive vers dix heures.　　　　　　　　10 時ごろに着くね。

2 OK pour le 17.　　　　　　　　　　　　17 日の件、了解。

3 Je reviendrai vendredi soir.　　　　　　金曜の夜にまた来ます。

4 Mon adresse changera à partir du 20 avril.
　　　　　　　　　　　　　　　　4 月 20 日からアドレスが変わります。

5 Je te répondrai avant le week-end.　　　週末までに返事します。

1　「～時に」は à を使いますが、「～頃」であれば代わりに vers を使います。反対にぴったりであれば pile を付けます（やや口語的）。

　　❖ à six heures **pile**　　　　　　　　　　　6 時ぴったりに

2　日にちには定冠詞の le を付けて表現します。「～日に」は、前置詞を伴いません。

3　直近の「～曜日に」を示すときは、通常は前置詞も冠詞もつけません。un dimanche とすれば「いつかの日曜日に」となり、ce dimanche とすれば「この日曜日に」と明確にすることができます。また、日にちと合わせて使うときは冠詞が付きます。

　　❖ Je pars **le dimanche** 14 avril.　　　　　4 月 14 日の日曜日、私は出発します。

4　「～から」と、ある起点を示すときは à partir de ～や dès ～「～からすぐ」、après ～「～以後」を使います。「～から」は depuis もありますが、こちらは過去と現在には使えますが、未来のことには使えません。「～から～まで」は de ～ à (jusqu'à) ～ を使います。

　　❖ Je serai libre **après** vingt-deux heures.　　22 時以降は空いてます。

　　❖ Je serai à Paris **du** 11 juin **au** 5 juillet.
　　　　　　　　　　　　　　　6 月 11 日から 7 月 5 日までパリにいる予定です。

5　「～までに（…する）」は avant ～を使います。同じ「～まで」でも jusqu'à ～はその期限まで状態が持続しているときに使います。また期間の終わりを示すには à を使います。

基本パターンの単語を変えて、フランス語で書いてみましょう。

1) Tu peux _____ _____ moi _____ _____ heures ?　3時ごろ、うちに来られる？

2) Je _____ _____ une chambre pour ___ 3 _____.

5月3日に部屋を予約したいのですが。

3) Il _____ terminer ce travail _____ _____.

水曜までにこの仕事を終えないといけません。

 並び替えて文を作ってみましょう。（ただし最初の文字も小文字にしてあります。）

1) このチケットは明後日から有効です。
(à / ce / d'après-demain / est / partir / ticket / valable)

_____.

2) 23時ちょうどまでなら待ってあげます。
(attendrai / heures / je / jusqu'à / pile / vingt-trois / vous)

_____.

3) このお店は朝の8時から夜9時まで開いています。
(à / ce magasin / de / du matin / du soir / est / huit heures / neuf heures / ouvert)

_____.

4) このカードは明日から使えます。
(carte / cette / demain / dès / peux / tu / utiliser)

_____.

 フランス語で書いてみましょう。

1) 2月10日、木曜日。今日はへとへとに疲れる1日を過ごした。

（へとへとに疲れる = épuisant）

_____.

2) この高速道路は来週まで閉鎖されています。（閉鎖する = bloquer）

_____.

3) 17時以降に電話してください。

_____.

冬休みにスノボに行くのを企画してるんだけど、どうかな？　新しいボード買ったって言ってたよね？　じゃあ、一緒に来なきゃ。12月27日から1月3日まで、旅行するのはどうだろう。できれば、週末までに返事ちょうだい。

メールありがとう。残念だけど、1月3日は予定があるんだよね。でも、2日までなら一緒に行けるよ。打ち合わせに、水曜の3時頃にカフェ Hugo で会おう。

OK。水曜は空いてるよ。じゃあ、そこで落ちあおう。

スノボ旅行＝スノーボード snowboard をするための旅行
ボード = une planche　　　　　　　　　　　　～だよね ? = n'est-ce pas ?
できれば = si c'est possible　　　　　　　　～をありがとう = merci pour ～
打ち合わせ＝～について話し合う = discuter de ～

できるようになった項目にチェックを入れましょう。

□ 企画していることを提案する
　　　　　　　　　　　→ Leçon 30

□ どう思うか尋ねる　→ Leçon 29

□ il faut を使って誘う　→ Leçon30

□ 期間を示す　→ Leçon 32

□ ～はどうだろうと提案する
　　　　　　　　　　　→ Leçon29

□ 期日を示す　→ Leçon32

□ 提案を断る　→ Leçon30

□ 時間を指定する　→ Leçon32

□ 場所を指定する　→ Leçon31

□ 空いていると応える　→ Leçon30

□「そこで」と場所を示す　→ Leçon31

置き換えて使える Vocabulaire

交流・外出・行楽

交流会・親睦会	fête amicale 女
〜会	association 女
愛好家	amateur 男
アマチュア劇団	troupe d'amateurs 女
アトリエ、研究会	atelier 男
展覧会	exposition 女
研修	stage 男
デート	rendez-vous 男
デートする、付き合う	sortir avec 〜
ぶらぶら歩く	balader
バーベキュー	barbecue 男
ピクニック	pique-nique 男
遠出／ハイキング	randonnée 女
サイクリング	randonnée à vélo 女
海水浴に行く	aller à la plage
温泉	station thermale 女
花火	feu d'artifice 男
世界旅行	voyage autour du monde 男
卒業旅行	voyage de fin d'étude 男
パックツアー旅行	voyage organisé 男
〜を祝って飲む	arroser 〜

ちょっとした飲み会	pot 男
(夜の) パーティー	soirée 女
忘年会	fête de fin d'année 女
気分転換をする	changer les idées
SNS	média social 男
	réseaux sociaux 男・複
フォローする (SNS)	suivre
いいね (SNS)	j'aime
チャットする	chatter / tchatter

作品・知名度

監督	réalisateur / réalisatrice
字幕	sous-titre 男
オリジナル版	version originale 女
予告編	bande d'annonce 女
出演〜	avec + 出演者名
公開 (日)	sortie 女
あまり知られていない	peu connu(e)
見逃せない	incontournable
無価値な	nul(le)

8

誘う・提案する・提案に応える

＊映画のジャンル：comédie コメディー、drame ドラマ、romance amoureuse ラブロマンス、film d'action アクション映画、film d'aventure アドベンチャー映画、film de science-fiction SF 映画、film muet 無声映画、film d'horreur ホラー映画、film musical ミュージカル映画、documentaire ドキュメンタリー、film fantastique ファンタジー映画、film de guerre 戦争映画、film d'espionnage スパイ映画

〜の予定です

Leçon 33　**Je partirai demain**　　　明日、出発します

キーセンテンス

1 Je pars demain.　　　　　　　　　　　明日、出発です。

2 Je vais partir demain.　　　　　　　　明日、出発します。

3 Je partirai demain.　　　　　　　　　明日、出発する予定です。

4 Je prévois que le directeur partira demain.

　　　　　　　　　　　部長が明日、発つであろうと思っています。

5 J'ai le projet de changer mon travail.　　転職を予定している。

1　未来の話であっても、確定的な出来事であれば現在形で伝えることができます。

2　aller ＋不定詞の近接未来を用いて、予定を伝えることができます。ちなみに aller の部分を半過去にすれば、「〜しようとしていた」になります。

　　❖ J'**allais partir** quand il est arrivé.　　　彼が到着したとき、出発しようとしていた。

3　予定を伝えるには単純未来の時制が使えます。この場合、程度の違いはありますが、不確定な未来であることが基本となっています。同じように未来の予定を示していても、現在形であれば確定している事実として語っていることになります。近接未来と単純未来は多くの場合入れ替え可能ですが、近接未来は現在の延長としてその予定を考え、単純未来は現在とは切り離して予定を考えているという違いがあります。そのため、quand や si で現在と切り離された条件がある場合は、一般的に近接未来は使いません。

　　❖ Appelle-moi quand tu **arriveras**.

　　　　　　　　　　　　　　着いたら連絡して。＊ tu vas arriver は使えない。

4　計画していることや予想していることには prévoir が使えます（→ Leçon12）。que 〜だけでなく、de ＋不定詞を付けることもできます。また、過去分詞を使った comme prévu で、「予定通りに」と伝えられます。

　　❖ Je **prévois** d'aller en France cet été.　　　この夏、フランス行きを計画中。

5　「計画している」という予定を示すには、avoir le projet を使うことができます。

基本パターンの単語を変えて、フランス語で書いてみましょう。

1) Une réunion _____ lieu en _____ d'après-midi.　午後一で会議が開かれる予定です。

2) Je _____ de rentrer _____ minuit.　日付が変わる前には戻ってくる予定。

3) Tiens, on _____ _____.　ほら、もうすぐ着くよ。

 並び替えて文を作ってみましょう。（ただし最初の文字も小文字にしてあります。）

1) 来年、この計画に着手します。
(ce projet / commence / je / l'année prochaine)

_____.

2) このショーのために、サイトを作る予定です。
(a / ce spectacle / de / créer / le projet / on / pour / un site internet)

_____.

3) 彼がクビになるなら、僕はこの職を辞します。
(à la porte / ce poste / de / démissionnerai / est / je / mis / s'il)

_____, _____.

4) 予定通り、事業は来週から再開いたします。
(comme prévu / dès / la semaine / les affaires / prochaine / reprendront)

_____, _____.

 フランス語で書いてみましょう。

1) 再来週、兄が私に会いに来ることになっています。
（単純未来を使って　再来週 = dans quinze jours）

_____.

2) この仕事を終えました。これから別の仕事に取り掛かるつもりです。
（近接未来を使って）

_____.

3) 駅前にパン屋さんをオープンする予定です。（projet を使って）

_____.

Leçon 34　**Je dois ~ / J'étais supposé ~**

〜するはずです／
はずでした

キーセンテンス

1 Il doit venir bientôt.　　　　　　　　彼はまもなく来るはずです。

2 Je devais arriver le 13.　　　　　　　13 日に到着するはずでした。

3 J'étais supposé arriver le 13.　　　　13 日に到着するはずでした。

4 La réunion devrait avoir lieu la semaine prochaine.

会議は来週のはずですが。

5 Normalement, le colis arrivera dans trois jours.

通常、荷物は 3 日後に着くはずです。

---

1 「〜のはず」と確実なことであれば現在形でも伝えられますが、devoir を使うことで、ほぼ確実な予定（推量）を示すことができます。

2 devoir を半過去にすれば、「〜の予定だった」と変更を伝えるときに使える表現になります。また条件法で使えば、「(…したら) 〜のはずです」と伝えることができます。

❖ Tournez à droite et vous **devriez** trouver une pharmacie.

右に曲がったら、薬局があるはずです。

3 そうなる予定が、何らかの理由で変わってしまったときに使えるのが être supposé や être censé です。「その予定だった」のため、両方とも半過去にして、不定詞と合わせて使うことが多くあります。

❖ J'**étais censé** être à Paris, mais je suis bloqué à Milan.

パリにいる予定だったのですが、ミラノで足止めされています。

4 devoir を条件法にすると、推量や助言の意味を付け加えることもできます。現在形の「〜でなくてはならない」や「〜に違いない」とはニュアンスが異なるので注意が必要です。

❖ Tu **devrais** te reposer.　　　　　　　　休んだほうがいいよ。

5 予定を伝えるのに、normalement「通常なら」や certainement「確実に」といった副詞を入れることで、効果的なニュアンスを付け加えることができます。

1 基本パターンの単語を変えて、フランス語で書いてみましょう。

1) On _____ pouvoir _____ en _____.　オンラインで予約ができるはずです。

2) _____, ça _____.　普通ならうまくいくはず。

3) Nous _____ _____ sa réponse _____ _____.

昼までには返事がもらえるはず。

2 並び替えて文を作ってみましょう。（ただし最初の文字も小文字にしてあります。）

1) 昨日到着のはずでしたが、ストのせいでさっき着いたんですよ。
(à cause de / à l'instant / arriver / censée / d'arriver / hier / j'étais / je / la grève / mais / viens)

_____, _____, _____.

2) スケジュールは確実に変更されるはず。
(certainement / le calendrier / modifié / sera)

_____.

3) 課長は明日から出張のはずでは？
(à partir de / demain / devrait / en / être / -il / le chef / ne / pas / voyage d'affaires)

_____ ?

4) 彼女たちはわれわれのミスの原因を見つけるはず。
(doivent / elles / erreurs / la cause de / nos / trouver)

_____.

3 フランス語で書いてみましょう。

1) ご注文の品は昨日の発送予定でした。しかし雪のため、本日発送いたしました。
4日後の到着となるはずです。（発送する = expédier　注文の品 = commande）

_____.

_____.

_____.

2) 傘をもっていきな。確実に雨が降るよ。
（もっていく = prendre　確実に = certainement）

_____.

予定を伝える

Leçon 35 reporter ~ / annuler ~

~を延期／中止します

キーセンテンス

1 On se voit un autre jour.　　　　　　別の日に会おう。

2 Nous reportons notre rendez-vous.　　打ち合わせは延期します。

3 Il est préférable d'annuler la prochaine réunion.

次の会議は中止したほうがいい。

4 J'ai un empêchement.　　　　　　　都合がつきません。

5 S'il y a quoi que ce soit, vous pouvez m'appeler.

何かあったら電話してください。

1 un autre jour をつければ「別の日に、後日」と示すことができます。ちなみに定冠詞で l'autre jour とすると、「先日」の意味になります。

2 延期することを伝えるには reporter を使います。変更後の日程が決まっていれば à ~ で付け加えることができ、期間であれば de ~ で説明することもできます。

❖ La réunion **a été reportée à** la semaine prochaine.

会議は来週に延期された。

❖ On **a reporté** la réunion **d'**une semaine.　　会議を一週間、延期した。

3 中止する場合は annuler を使います。また過去分詞の annulé を名詞につけて「中止された~」としたり、受動態で使ったりすることもよくあります。

❖ Le cours d'aujourd'hui **a été annulé**.　　今日の授業は休講になった。

4 avoir un empêchement や voir un empêchement で都合が悪くなったことを示せます。en cas d'empêchement「ご都合がつかない場合は」もスケジュール調整に使える表現です。

5 s'il y a quoi que ce soit は、「何かあったら」と不測の事態を示す表現です。他にも contretemps なども予想外のできごとを示す語としてよく使われます。

❖ **Un contretemps** nous oblige à changer notre plan.

不測の事態で計画の変更を余儀なくされた。

1 基本パターンの単語を変えて、フランス語で書いてみましょう。

1) On _____ de ça _____ _____ _____.

それについては、後日、話し合いましょう。

2) Mon voyage d'_____ ____ _____ _____. わたしの出張は取りやめになった。

3) Il est _____ de _____ la _____.

講演会は延期したほうがいいでしょう。

2 並び替えて文を作ってみましょう。(ただし最初の文字も小文字にしてあります。)

1) 8 月 10 日に会議があります。不都合はありますか？
(août / aura / le 10 / lieu / un empêchement / une réunion / -vous / voyez)

_____. _____ ?

2) 何かあったら、遠慮なく連絡ください。
(à / a / ce soit / me contacter / n'hésitez / pas / quoi que / s'il y)

_____, _____.

3) 先日中止された会議は木曜に延期されました。
(à jeudi / a / annulée / été / l'autre jour / la réunion / reportée)

_____.

4) 会う予定は 4 月最後の週末に延期するのはどう？
(au / dernier / du / mois d'avril / notre / on / rendez-vous / reportait / si / week-end)

_____ ?

3 フランス語で書いてみましょう。

1) 会う約束は月末に延期できないかな？

_____ ?

2) ご都合がつかない場合は、委任状に署名をしてください。
（委任状＝ procuration 〜してください＝ veuillez 〜）

_____.

3) 不測の事態で、恐縮です。(恐縮です＝すみません)

_____.

Leçon 36 ## Je t'annonce ~

~を知らせる

キーセンテンス

① Donne de tes nouvelles.　　　　　　　　近況、知らせてね。

② Je t'annonce la date de mon départ.

私の出発日をお知らせします。

③ Je te fais signe dès que j'arrive.　　　着き次第、知らせるね。

④ Je vous mets au courant des détails.　詳細をお知らせします。

⑤ Je te fais savoir notre mariage.　結婚をしたことをお伝えします。

① 「～を知らせてください」は命令法を使えば示すことができます。「近況」tes nouvelles は、そのうちいくらかを聞かせてもらうことが普通なので、de を入れます。

② 「～を知らせる」には「報告する」annoncer や、「情報を知らせる」informer de ～、「前もって知らせる」prévenir de ～などが使えます。que で文をつなげることもできます。また改まった知らせや結婚や訃報などは faire part de / que ～を使うことができます。

❖ Je vous **informe que** nous déménagerons en septembre.

9月に引っ越しすることをお知らせします。

❖ Je me permets de vous **faire part de** mon changement d'adresse.

住所の変更をお知らせいたします。

③ faire signe も「知らせる、合図する」の意味になります。

❖ **Fais-moi signe** quand tu seras prêt.　　準備ができたら教えて。

④ mettre au courant は「～のことを知らせる」で、de 以下に知らせることをつけられます。tenir を使えば、最新の情報を逐一伝えるというニュアンスが加わります。

❖ Je te **tiens au courant**.　　　　　　　また報告します。

⑤ 使役動詞 faire を使って faire savoir ～でも、情報を知らせることができます。

基本パターンの単語を変えて、フランス語で書いてみましょう。

1) Je _____ _____ _____ mon _____ de portable.

   携帯番号をお知らせしておきます。

2) _____-_____ tes nouvelles _____.　新しい連絡先、教えて。

3) _____-moi _____ si tu _____ des _____.

   もし間違いを見つけたら知らせて。

2 並び替えて文を作ってみましょう。（ただし最初の文字も小文字にしてあります。）

1) 私の注文の追跡番号を知らせてもらえますか？
   (de ma commande / de suivi / du numéro / m'informer / pourriez / -vous)

   _____ ?

2) 変更を前もってお知らせせず、申し訳ありませんでした。
   (avoir prévenu / du changement / je / m'excuser de / ne pas / prie de / vous / vous)

   _____.

3) わたしは社長に秘書の裏切りを知らせた。
   (au courant de / j'ai / la trahison de / mis / mon patron / son secrétaire)

   _____.

4) 私たちの結婚をお知らせできることを嬉しく思います。
   (faire / heureux de / notre mariage / nous / part de / sommes / te)

   _____.

3 フランス語で書いてみましょう。

1) 来月の待ち合わせについては、お互いに連絡を取り合いましょう。

   （～については = pour　お互いに＝再帰代名詞を使う）

   _____.

2) 彼の不在を同僚たちに伝えた。

   _____.

3) 彼女は私に、彼女の母が本を出版したのだと報告してきた。（faire savoir を使って）

   _____.

Chapitre 9 まとめ：予定を伝える

フランス語で書いてみましょう

10 日に福岡に着くはずだったけど、ギリギリで都合がつかなくなってしまったの。
明日ここを発つから、会う約束を 1 週間延期してもらえない？
普通なら、来週、私は何曜日でも空いてるはず。返事、待ってるね。

---

17 日の木曜日に会うのはどう？会議がひとつキャンセルになったの。
予定通りに到着したら連絡して。もし木曜に来られないなら、前もって知らせてね。
私のほうも何かあったら、すぐに知らせるね。

> ギリギリで = au dernier moment 　　何曜日でも = n'importe quel jour
> 空いている→ Leçon 30 　　　　　　　～してもらえない？→ Leçon17
> 前もって = à l'avance 　　　　　　　私のほうも = de mon côté

できるようになった項目にチェックを入れましょう。

□「～だったはず」と伝える → Leçon 34　　　□ 連絡を頼む → Leçon36

□ 都合が悪いと伝える → Leçon35　　　　　　□ 前もって伝えてもらう → Leçon36

□ 予定を伝える → Leçon33　　　　　　　　　□ 何かあったら → Leçon35

□ 延期する → Leçon 35　　　　　　　　　　　□ 新しい情報を知らせると伝える

□ 普通なら～のはず → Leçon34　　　　　　　　　　　　　　　→ Leçon 36

□ 中止になったことを伝える → Leçon35

置き換えて使える Vocabulaire

時間・時期

〜の最初	au début de 〜
〜半ば	au milieu de 〜
〜末	à la fin de 〜
早い	tôt
遅い	tard
朝・午前中	matin / matinée *
夕方・晩	soir / soirée *
午後	après-midi
早くに	de bonne heure
遅れて	en retard

エンターテインメント

映画	film 男
コンサート	concert 男
オペラ	opéra 男
バレエ	ballet 男
ダンス	danse 女
ミュージカル	comédie musicale 女
サーカス	cirque 男
手品、奇術	illusionnisme 男

人形劇	théâtre de marionnettes 男
寸劇、コント	sketch 男
連続テレビドラマ	feuilleton télévisé 男 / série télévisée 女
バラエティー番組	émission de variétés 女
リアリティ番組	téléréalité 女
（スポーツ）〜の試合	match de 〜 男
アニメーション	dessin animé 男

暦

新年	nouvel an 男
年**	an 男 / année 女
月	mois 男
週	semaine 女
新学期	rentrée scolaire 女
季節	saison 女
上半期	premier semestre 男
下半期	second semestre 男
大晦日	dernier jour de l'année 男

* matin と matinée、soir と soirée の違いは、matin、soir が抽象的で、単位としての「朝」「午前中」および「夕」「晩」を示し、deux heures du matin「朝の2時」や je pars samedi soir「土曜の夕方に出発する」といった使い方をするのに対し、matinée や soirée は具体的な内容を前提とする持続した時間を示し、j'ai travaillé toute la matinée「午前中、ずっと働いた」といった使い方ができるところにあります。

** année は暦年や年度を示し、an は年数を数える時の単位です。そのため前者は chaque année「毎年」や quelques années「数年」、cette année「今年」と限定して使うことができ、後者は主に数字と共に用い deux ans「2年」といった使い方ができます。

すべきこと

Leçon 37 **Tu dois** ~ / **Il faut que** ~   ～すべき

キーセンテンス

1 Tu dois le contacter tout de suite.   すぐ彼と連絡を取らないと。

2 Vous ne devez pas arriver en retard.   遅刻したらダメですよ。

3 Il faut modifier le mot de passe.   パスワードを変更しないと。

4 Il ne faut pas tarder.   ぐずぐずしないの。

5 Il faut que je voie mes clients.   顧客に会わないといけない。

---

1 「～しなければならない」は、devoir ＋不定詞で示すことができます。

❖ Vous **devrez avoir** terminé ce travail dans une semaine.

あなたたちは、1週間後にはこの仕事を終えておくこと。

＊ devoir の単純未来と複合過去形の avoir terminé を組み合わせて未来完了の意味を示しています。

2 devoir ＋不定詞を否定文にすることで、してはならないことを示すことができます。

3 il faut ＋不定詞でも、しなければならないことを示すことができます。しなくては
ならないのが誰かを明示したい場合は、間接目的語の代名詞を使います。

❖ **Il me faut ranger** des dossiers.   私は書類を整理しなくてはならない。

❖ **Il m'a fallu répéter** mille fois la même chose pour qu'il comprenne.

彼に理解してもらうために、私は同じことを何度も繰り返さなくてはならなかった。

4 il ne faut pas ～で、すべきでないことを示せます。半過去にすれば、すでにしてし
まったことを咎めることもできます。文脈によっては、お礼を言うときにも使えます。

❖ **Il ne fallait pas boire** autant que ça.   こんなに飲むべきじゃなかった。

❖ Tu m'offres un cadeau ? Mais non... **il ne fallait pas**.

プレゼントですか？　お気遣いされないでください。

5 il faut que ＋接続法を使って、しなくてはならないことを文で示すことができます。

1 基本パターンの単語を変えて、フランス語で書いてみましょう。

1) Tu _____ dois _____ _____ sans _____.　よく考えずに返事してはダメだ。

2) Il _____ faut _____ maintenant.　僕はいま決心しないといけない。

3) _____ _____ _____ tu te _____ _____ peu.　君は少し休まないといけないよ。

2 並び替えて文を作ってみましょう。（ただし最初の文字も小文字にしてあります。）

1) まさにそれが、君がしてはいけないことだったんだよ。
(ce / c'est / faire / fallait / justement / ne / pas / qu'il / te)

_____.

2) お金をおろしに、銀行に寄らないといけない。
(à la banque / de l'argent / dois / je / passer / pour / retirer)

_____.

3) 昨日の午前中は 60 通のメールを送らないといけなかった。
(dû / envoyer / hier / j'ai / mails / matin / soixante)

_____,　_____.

4) 空港までゲストを迎えに行かないといけないんだ。
(à l'aéroport / chercher / faut / j'aille / il / nos invités / que)

_____.

3 フランス語で書いてみましょう。

1) 午前中に上司のために花を買わないといけない。（devoir を使って　上司 = patron）

_____.

2) 君は嘘をつくべきじゃなかった。彼はみんな知ってたんだよ。

_____.

3) 私たちは他者に寛大でなければならない。
（il faut を使って　〜に対して寛大 = tolérant envers 〜）

_____.

Leçon 38 Ça m'oblige à ~

~せざるをえない

キーセンテンス

1 Ça m'oblige à rester ici.
そのせいでここに残らざるを得ない。

2 Je suis obligé d'annuler le rendez-vous.
会う約束のキャンセルを余儀なくされた。

3 J'ai absolument besoin de ce fichier.
絶対にそのファイルが必要なんです。

4 J'ai tant de choses à faire.
しなきゃいけないことが山ほどある。

5 Il est interdit de boire et de manger ici.
ここでの飲食は禁止されています。

1 原因を主語にして、obliger à ～で、「～を余儀なくする、強いる」という文が作れます。à の後は名詞や不定詞を置くことができます。また再帰代名詞を使うと、「自分に～を課す」、「努力する」といった意味にもなります。同じ使い方をする動詞に forcer があります。

❖ Ce projet m'**oblige à** des heures supplémentaire.
このプロジェクトのせいで残業だ。

❖ Je **m'oblige à** faire des exercices tous les jours. 毎日、運動するようにしている。

❖ Tu veux **me forcer à** participer au marathon de Tokyo ?
君は僕を強制的に東京マラソンに参加させたいのかい？

2 主語を人にして être obligé de ～でも、「～せざるを得ない」と示せます。

3 副詞の absolument を使えば、「絶対に」と強調することができます。また否定文で使うときは、pas の前に置くか後に置くかで意味が変わるので注意が必要です。

❖ Tu ne dois **absolument pas** venir. 絶対に来てはならない。

❖ Tu ne dois **pas absolument** venir.
絶対に来ないといけないわけではない（＝来なくてもいい）。

4 名詞に à ＋不定詞をつければ、「～すべき」という意味を付け加えられます。

❖ C'est le roman **à lire** absolument. この小説は必読です。

5 il est interdit de ＋不定詞で、禁止されていることを示すことができます。

基本パターンの単語を変えて、フランス語で書いてみましょう。

1) Je _____ _____ ___'arriver _____ _____ que lui.

彼より早く到着することを余儀なくされた。

2) J'_____ une question _____ _____ poser.　ひとつ質問があるんだけど。

3) Il _____ _____ que nous nous _____ un de ces _____.

近いうち、絶対会わないとね。

2 並び替えて文を作ってみましょう。（ただし最初の文字も小文字にしてあります。）

1) 常に最善を尽くすように努めました。
（ à / du mieux / faire / je / me suis / obligé / possible / toujours ）

_____.

2) これらの資料を仕事場から持ち出すことは、厳重に禁止されています。
（ ces documents / d'emporter / du bureau / en dehors / est / il / interdit / strictement ）

_____.

3) ストのせいで訪問を延期せざるを得なかったんですよ。
（ à cause / de / de / été / j'ai / la grève / la visite / obligée / reporter ）

_____.

4) 君たちに前もって言っておかなきゃいけないことが、まだ 2 つ、3 つあるんだ。
（ à / choses / deux ou / encore / j'ai / prévenir / trois / vous ）

_____.

3 フランス語で書いてみましょう。

1) 無理してでも、この薬を全部飲むんだ。（無理をしてでも = forcer を使う）

_____.

2) これは見逃せない映画だ。（逃す = manquer）

_____.

3) 明日は絶対に昼前に帰ってこないといけない。

_____.

Leçon 39 ## Il est préférable ～　　　　～したほうがいい

キーセンテンス

1 Il est préférable de ne pas en parler.

そのことは話さないほうがいいよ。

2 J'aimerais bien venir avec vous, si c'est possible.

できればご一緒したいです。

3 Tu n'as pas besoin de t'inquiéter.　心配する必要はないよ。

4 Réponds-moi le plus vite possible.　できるだけ早く返信して。

5 Ce n'est pas la peine de venir me chercher.

迎えにきてくれるには及びません。

1 「～のほうがいい」は il est préférable が使えます。de ＋不定詞だけでなく、que ＋接続法をつけることもできます。また il vaut mieux ＋不定詞や faire（多くは条件法）mieux de ＋不定詞も「～のほうがいい」を示す便利な表現です。

❖ **Il vaut mieux** attendre encore quelques jours.

もう何日か待ったほうがいいよ。

❖ Vous **feriez mieux de** ne rien dire.　あなたは何も言わないほうがいいでしょう。

2 si c'est possible をつけると、「もし可能なら」と伝えることができます。

3 avoir besoin de ～を否定文にすると、「～の必要はない、～には及ばない」になります。

4 le plus ＋副詞＋ possible で「できるだけ～」と示すことができます。「できるだけ早く」は dès que possible という言い方もあります。また、faire tout mon possible pour ～で「～のためにできる限りのことをする」になります。

❖ J'ai **fait tout mon possible pour** réussir.

成功するためにできる限りのことはした。

❖ Tu dois **faire tout ton possible pour** aider tes parents.

君は両親を助けるためにできる限りのことをしなくてはならない。

5 ce n'est pas la peine de ＋不定詞で、「～するにはおよばない」「～する必要はない」と示すことができます。くだけた言い方だと ne を省略することもよくあります。

基本パターンの単語を変えて、フランス語で書いてみましょう。

1) Il ＿＿＿＿ ＿＿＿＿＿＿＿＿＿ ＿＿＿＿ ＿＿＿＿＿＿＿ tout de suite.　すぐに発ったほうがいいよ。

2) ＿＿＿＿ ＿＿＿＿＿ agir le ＿＿＿＿＿＿ ＿＿＿＿＿＿＿＿＿＿＿ ＿＿＿＿＿＿＿＿.
できるだけ慎重に行動しなくてはならない。

3) Téléphone-＿＿＿＿＿ ce soir ＿＿＿＿ ＿＿'＿＿＿ ＿＿＿＿＿＿＿＿.　もし可能なら、今夜電話して。

 並び替えて文を作ってみましょう。（ただし最初の文字も小文字にしてあります。）

1) ワインを買う必要はないよ。もう十分にあるよ。
(a / assez / c'est / d'acheter / du vin / en / il y / la peine / pas)

＿＿＿＿＿＿＿＿＿＿＿＿＿＿＿＿＿＿. ＿＿＿＿＿＿＿＿＿＿＿＿＿＿＿＿＿＿＿.

2) そのメールにはできるだけ早く返信したほうがいい。
(à / ce mail / il / mieux / le plus / possible / répondre / vaut / vite)

＿＿＿＿＿＿＿＿＿＿＿＿＿＿＿＿＿＿＿＿＿＿＿＿＿＿＿＿＿＿＿＿＿.

3) そのことはもう考える必要はないよ。うまく解決するよ。
(besoin / ça / d'y / n'as / penser / plus / s'arrangera / tu)

＿＿＿＿＿＿＿＿＿＿＿＿＿＿＿＿. ＿＿＿＿＿＿＿＿＿＿＿＿＿＿＿＿＿.

4) まだテレビ見てるの。急いだほうがいいよ。
(de / encore / ferais / la télé / mieux / regardes / te dépêcher / tu / tu)

＿＿＿＿＿＿＿＿＿＿＿＿＿＿? ＿＿＿＿＿＿＿＿＿＿＿＿＿＿＿＿＿.

 フランス語で書いてみましょう。

1) もし可能なら、僕の代わりに予約しておいて。（僕の代わりに = à ma place）

＿＿＿＿＿＿＿＿＿＿＿＿＿＿＿＿＿＿＿＿＿＿＿＿＿＿＿＿＿＿＿＿＿.

2) 駅まで送ってくれなくていいよ。（peine を使って　送る = accompagner）

＿＿＿＿＿＿＿＿＿＿＿＿＿＿＿＿＿＿＿＿＿＿＿＿＿＿＿＿＿＿＿＿＿.

3) できるだけ早く出発日を決めるね。（dès を使って）

＿＿＿＿＿＿＿＿＿＿＿＿＿＿＿＿＿＿＿＿＿＿＿＿＿＿＿＿＿＿＿＿＿.

Je ne suis pas capable ~ / Il est difficile de ~

Leçon 40　～できない／～は難しい

キーセンテンス

1 Il n'est pas assez capable d'effectuer ce travail.

彼にはこの仕事は十分にこなせない。

2 Je ne suis pas arrivé à le convaincre.

彼を説得できなかった。

3 J'ai du mal à comprendre.

私にはよく理解できない。

4 Je ne sais pas comment faire.

どうやっていいのか、わからない。

5 Il est difficile de terminer ce travail aujourd'hui.

この仕事を今日終えるのは難しい。

---

(1) 「～できない」は状況などが許さずにできないことを示す pouvoir の否定文以外にも、être capable de「～する能力がある」や savoir「～の仕方を心得ている」を否定文にして使い分けます。また否定文ではなく incapable で示すこともできます。

❖ Elle **ne peut pas** cuisiner parce qu'elle est blessée à la main. Et moi, je **ne sais pas** cuisiner.

彼女は手を怪我しているから料理ができない。そして私は、料理の仕方を知らない。

(2) 目的を達成する、努力してできるようになるという意味の arriver à ＋不定詞を否定文にすると、「～できない」と示すことができます。

(3) avoir du mal à ＋不定詞で、「～が困難だ」「～がなかなかできない」と示せます。

(4) savoir や comprendre は疑問詞と合わせて使うことができる便利な表現です。また疑問詞に不定詞をつけると「～すべきか」という意味になります。

❖ Je ne sais pas **où** il est.

彼がどこにいるのか知らない。

❖ Je ne comprends pas **pourquoi** ça coûte cher.

なぜこれが高価なのか理解できない。

❖ Je ne sais pas **à qui demander**.

誰に尋ねていいのかわからない。

❖ Je ne sais pas **quoi faire**.

何をしていいのかわからない。

(5) il est ＋形容詞＋ de ～の構文を使えば、「～するのは…だ」と示すことができます。

1 基本パターンの単語を変えて、フランス語で書いてみましょう。

1) _____ est _____ de _____ cette _____.

この文を翻訳するのは難しい。

2) ____ ne _____ pas _____ _____. どこに行けばいいのか知りません。

3) Je n'_____ pas _____ _____. どうしても眠れない。

2 並び替えて文を作ってみましょう。（ただし最初の文字も小文字にしてあります。）

1) たった一人でこれら全ての仕事を終えるのは容易ではない。
(ces tâches / de / facile / il / n'est / pas / terminer / tout seul / toutes)

_____.

2) 説明できないから、どうすればいいか見せるよ。
(à / alors / comment / du / faire / j'ai / je / l'expliquer / mal / te montrer / vais)

_____, _____.

3) すみません。どうやってそこに行くのか、わかりません。
(aller / comment / désolé / je / ne / pas / sais / y)

_____, _____.

4) これはちょっと多すぎだよ。一人で全部食べられない。
(c'est / capable de / je / manger / ne / pas / seul / suis / trop / tout / un peu)

_____. _____.

3 フランス語で書いてみましょう。

1) 1日で100万円を稼ぐのは無理だよ。

_____.

2) 私は誰に対しても親切にするなんて、できません。（incapable を使って）

_____.

3) なぜ彼がそんなことを言ったのか、理解できない。（そんなこと = ça）

_____.

Chapitre 10 まとめ：やるべきこと、できないこと

ちょっと待っててもらえる？送らないといけない資料があるんだ。

OK。 何時に終わらせられるか教えて。

6 時 20 分までには終えられるから、6 時半ごろには出られる。

急がなくていいよ。

ありがとう。でも、できるだけ早くやっちゃうね。

今日は絶対に 8 時までに大学に着かないといけない。でも、どうしてバイクで登校することが禁じられているのか理解できないよ。そのせいで 6 時の電車に乗らないと行けないし、それに切符を買うなんて無意味だよ。

~してもらえる？→ Leçon17 　　ちょっと = une minute / une seconde
~を教えて→ Leçon 20 　　バイクで登校する = aller à l'université en / à moto

できるようになった項目にチェックを入れましょう。

□ ~しないといけない… → Leçon 38
□ ~にはおよばない → Leçon 39
□ できる限り~ → Leçon39
□ ~しなくてはならない → Leçon 37

□ 疑問詞を使って「~がわからない」を示せる → Leçon40
□ ~せざるを得ない → Leçon 38
□ ~するのは…だ → Leçon 40

置き換えて使える Vocabulaire

事務で使う動詞

申し込む、登録する	s'inscrire
申し込み、登録	inscription 女
注文する	commander
記入する	remplir
チェックを入れる	cocher
チェックボックス	case 女
回答する	répondre
印をつける	marquer
録音する	enregistrer
下線を引く、強調する	souligner
署名する	signer
署名	signature 女
書類を破棄する	détruire des documents
修正する	modifier
整理する	ranger
分類する	classer
請求する	demander
請求書	facture 女
スキャンする	scanner

病院

～が痛い	avoir mal à ～
（病気に）かかる	attraper
風邪	rhume 男
インフルエンザ	grippe 女
吐き気	nausée 女
健康診断	examen médical 男
レントゲン	radio 女
入院する	être hospitalisé(e)
注射	piqûre 女
伝染病の流行	pandémique 女

体の部位 *

頭	tête 女
顔	visage 男
お腹	ventre 男
胃	estomac 男
喉	gorge 女
心臓、胸の辺り	cœur 男
脚	jambe 女
足	pied 男
腕	bras 男
手	main 女

10

やるべきこと、できないこと

＊体を表すほかの語：œil 男 目、yeux 男・複 両目、nez 男 鼻、bouche 女 口、lèvre 女 唇、cou 男 首、nuque 女 うなじ、épaule 女 肩、coude 男 肘、doigt 男 指、ongle 男 爪、poignet 男 手首、reins 男・複 腰、dos 男 背、genou 男 膝、cheville 女 足首

原因と結果

Leçon 41　**et / ainsi**　　　　　　　　それで、それから

キーセンテンス

1 Il était très occupé et je l'ai aidé.

彼がとても忙しかったので、私が手伝った。

2 J'étais fatigué, alors j'ai pris un taxi.

疲れていたので、タクシーに乗りました。

3 Le directeur ne vient pas aujourd'hui et par conséquent la réunion a été annulée.

本日、部長は来ません。したがいまして、会議は中止になりました。

4 Je dois rester ici jusqu'à une heure, si bien que je ne peux pas arriver avant deux heures.

1時までここにいないといけないので、2時までには着けません。

5 Tu viendras samedi, ainsi je pourrai te présenter ma sœur.　　　　　土曜に来なよ、そうすれば君に姉も紹介できるし。

(1) 原因と結果をもっとも簡単につなぐには et を使うことができます。

(2) 先に示した文を受けて、「それなら」と説明するときは alors や donc が使えます。donc は、接続詞として文頭に置くか副詞として後の文中に置くことができます。

❖ Elle n'est pas là. Elle est **donc** partie.　彼女がいない。ならば、発ったということだ。

(3) par conséquent は、「その結果」や「したがって」とフォーマルな形式で使える表現です。もう少し日常的な文では c'est pourquoi が使えます。

❖ Je n'ai pas été à Tokyo. **C'est pourquoi** je n'ai pas pu venir la semaine dernière.　　　東京にいなかったんです。それで先週は来られませんでした。

(4) si bien que を使えば、「その結果」や「したがって」をやや丁寧に伝えることができます。

(5) ainsi は、先に示した文を受けて、「そうすれば」と条件と結果を示すことができます。親しい間であれば comme ça も同じように使用できます。

❖ Si tu restais encore un peu. **Comme ça**, on pourra dîner ensemble.

まだもう少しここにいたら。そしたら一緒に夕飯が食べられるよ。

基本パターンの単語を変えて、フランス語で書いてみましょう。

1) Il n'était pas là, _____ je _____ _____ chez moi.

彼はいませんでした。それで家に引き返したんです。

2) Il ___ obtenu le _____, ____ _____ ___'il peut _____ à travailler ici.

彼は免状を取得しましたので、ここで仕事を始められます。

3) Je _____ te _____ des photos, _____ tu sauras _____ je suis _____.

写真を見せてあげるよ。そうしたら僕が無実だってわかるだろうよ。

 並び替えて文を作ってみましょう。（ただし最初の文字も小文字にしてあります。）

1) あなたは登録されておりません。したがって、あなたは部屋に入る権利はございません。
(conséquent / d'entrer / dans la salle / inscrit / le droit / par / vous n'avez pas / vous n'êtes pas)

_____, _____.

2) オフィシャルの手紙を受け取ったんだ。だから僕は招待客だ。
(donc / j'ai / je / officielle / reçu / suis / un invité / une lettre)

_____. _____.

3) 先週はヴァカンスだったんで、クライアントのメールは読んでないんだ。
(c'est / en vacances / j'ai été / je n'ai pas lu / la semaine dernière / les mails de mes clients / pourquoi)

_____. _____.

4) 美術館に行くことにするよ。そうすれば君の話している作品を見ることができるだろう。
(comme ça / dont / je pourrai regarder / je visiterai / l'œuvre / le musée / tu parles)

_____. _____, _____.

 フランス語で書いてみましょう。

1) 家に 23 時に帰りました。それで夕食を食べ損ったんです。

_____.

2) 彼女は出たばかりだよ。だから遠くには行ってないはず。（donc を使って）

_____.

3) 彼はすっかり変わってしまったので、一緒にいても楽しくない。
(si bien que を使って　すっかり = beaucoup　〜といても楽しくない = s'ennuyer avec 〜)

_____.

Leçon 42　**parce que** ~ / **puisque** ~

~だから、~のせいで

キーセンテンス

1 Je ne bois pas de vin parce que je suis mineur.

ワインは飲みません、未成年なんで。

2 Je n'y vais pas, car je suis très occupé.

私は行きません、とても忙しいので。

3 Puisqu'il pleut, je prends un taxi. 雨が降ってるから、タクシー拾うよ。

4 Comme j'ai tant de choses à faire, je reste encore au bureau.　　　やることがたくさんあるので、僕はまだ職場に残っている。

5 À cause du bouchon, je suis arrivé en retard.

渋滞のせいで遅刻した。

1　parce que は、原因や理由を説明するもっとも基本的な接続詞のひとつです。pourquoi の対応として使われますが、parce que だけでも使用可能です。

2　car は parce que と置き換えることができる場合もありますが、car のほうが因果関係を示すよりも、やや説明的な意味合いが強くなります。

3　puisque は自明の（または話し手が自明と思っている）理由を説明するときに使います。

4　comme は文頭に置いて理由を説明することができます。一般的に主節は後に置かれます。また comme や parce que で 2 つ以上の理由を置くときは et que で付け足すこともできます。

❖ Comme il fait beau **et que** j'ai du temps libre, je flâne dans les rues.　　　　　　　　　　　天気もいいし時間もあるから、町をぶらつきます。

5　「~のせいで」と悪い結果をもたらした理由を説明するときには à cause de ~ を使います。反対に「~のおかげで」と良い結果をもたらす場合は grâce à を使います。「~のおかげで…ができる」には permettre à ＋人 ＋ de ＋不定詞で示すこともできます。

❖ **Grâce à** toi, je suis arrivé à réaliser mon rêve.

君のおかげで、夢を叶えることができたよ。

基本パターンの単語を変えて、フランス語で書いてみましょう。

1) Il va venir _____ _____ c'est _____ qui est responsable.

彼は来ますよ。責任者なんですから。

2) _____ elle est _____, elle n'aime pas parler _____ public.

彼女は内気なので、人前で話すのが苦手だ。

3) ____ _____ _____ la bourse, il a _____ perdu.　株のせいで彼はすべてを失った。

2 並び替えて文を作ってみましょう。（ただし最初の文字も小文字にしてあります。）

1) 明日発つので、今晩は家族と過ごしたい。
(avec / car / demain / je / je / la soirée / ma famille / partirai / passer / veux)

_____,_____.

2) 彼はジャーナリストだし、全く物怖じしないので、首相にインタビューをしたがっている。
(comme / et / il est journaliste / il veut interviewer / intimidé / jamais /
le Premier ministre / qu'il n'est)

_____,_____.

3) 祖母のおかげで、彼女は外交官になろうと決心した。
(a décidé / elle / de / devenir / diplomate / grâce à / sa grand-mère)

_____,_____.

4) 同僚たちが待っているので、僕は行かねばならない。
(aille / il faut / j'y / m'attendent / mes collègues / puisque / que)

_____,_____.

3 フランス語で書いてみましょう。

1) 嵐のせいで、飛行機は2時間遅れて到着した。（2時間遅れ = deux heures de retard）

_____.

2) （飛行機の）便が遅れたおかげで、私は事故を免れた。（免れる = échapper à）

_____.

3) 彼女は彼のことが大嫌いなので、彼が持ってくるお菓子は絶対に食べない。

_____.

Leçon 43 **pour ~ / pour que ~**

～のために

キーセンテンス

1 Je t'appelle pour te demander une chose.

ひとつ聞きたいことがあって電話したんだけど。

2 Explique-moi pour que je puisse comprendre.

私が理解できるように説明して。

3 J'ai fait ça dans le but de le contenter.

彼を満足させるために、それをしたんだ。

4 Je leur explique de sorte qu'ils comprennent bien.

私が説明して、彼らがちゃんとわかるようにします。

5 Suite à votre demande, je confirme par ce mail votre réservation .

お申し込みを受け、本メールにてご予約の確認をいたします。

1 「～のため」を示すには pour ＋名詞、pour ＋不定詞が使えます。またやや文語的な言い方では afin de ～も同様の使い方ができます。

2 「～のために」で主節と従属節の主語が異なり、後に文をつけるときは pour que ＋接続法を使用します。また afin que も同様の使い方ができます。

❖ Téléphone-lui **afin qu'**il soit au courant.

彼が事情を知れるよう、電話をしなさい。

3 dans le but de ＋不定詞や dans le but que ＋接続法で「～を目的として」と示せます。また、「～を目指して」という意味の en vue de ～という表現もあります。

❖ Je travaille **en vue d'**être admis à Sorbonne.

ソルボンヌに入れるように勉強している。

4 de sorte que ＋接続法や de sorte à ＋不定詞は、「～するように」と、そうありたい状態を示せます。de sorte que ＋直説法だと、目的ではなく結果を示します。

❖ Fais de ton mieux **de sorte à** ne pas regretter.

後悔しないように最善を尽くしなさい。

❖ Le professeur est tombé malade, **de sort que** le cours a été annulé.

先生が病気になったので、休講になった。

5 suite à ～は手紙やメールで、「～を受けて」「～の返信として」という意味で使います。

基本パターンの単語を変えて、フランス語で書いてみましょう。

1) Je suis venu ici _____ ____ _____. 彼女に会うためにここに来ました。

2) Il a menti dans le _____ _____ que tout le monde ne _____ pas _____.

　　　　　　　　　　　　　彼は、みんなが悲しまないようにするためだけに嘘をついたのだ。

3) _____ à voix _____ de _____ _____ les enfants ne se _____ pas.

　　　　　　　　　　　　　　　　　子どもたちが起きないように、小声で話そう。

② 並び替えて文を作ってみましょう。（ただし最初の文字も小文字にしてあります。）

1) 彼はパソコンを買うために 10 万円を貯めた。
　 (a / afin de / cent mille yens / économisé / il / s'acheter / un ordinateur)

　 _____.

2) 彼は次の選挙のためには、やるべきことは全部するだろう。
　 (ce qu'il / en vue de / faut / fera / il / l'élection / prochaine / tout)

　 _____.

3) みんなが見えるように、大きな字で書きなさい。
　 (écrivez / en grosses lettres / lire / pour que / puisse / tout le monde)

　 _____.

4) あなたの返信を受けて、ひとつプランをご提案したいと思います。
　 (j'aimerais / suite à / un plan / votre réponse / vous proposer)

　 _____, _____.

③ フランス語で書いてみましょう。

1) この変更を確認するため、あなたの出発の前日にお電話いたします。
　　　　　　　　　　　（確認する = confirmer　 ～の前日 = la veille de ～）

　 _____.

2) お客様を満足させるために、われわれは値下げをする。
　　　　　　　　　　　　　　　　　（but を使って　 下げる = baisser）

　 _____.

3) 私は誰も私の失敗に気づかないよう、証拠を隠した。（sorte を使って）

　 _____.

Leçon 44　**si ... que** ~ / **vu que** ~　あまりに…だから～／～を考慮して

1 Je suis si fatigué que je ne peux plus bouger.

あまりに疲れて、もう動けない。

2 J'ai trop bu et je me suis endormi dans la rue.

あまりに飲みすぎて道で寝てしまった。

3 Je ne le vois plus d'autant qu'il est impoli.

彼は無礼だから、もう会わないよ。

4 Vu la situation actuelle, il faut attendre un peu.

状況を考えたら、少し待つべきだ。

5 Vu que ce calcul n'est pas exact, votre hypothèse ne sert à rien.　この計算が間違っているので、あなたの仮説は何の役にも立たない。

1 「あまりに…なので～」は si ... que ～や tellement ... que ～を使って表現できます。主節が肯定文なら直説法や条件法を、否定文や疑問文なら接続法をつなげます。また名詞を使って「あまりに多くの…で～だ」は tellement de ... que ～で示せます。

❖ Il est **tellement** têtu **que** personne ne peut le persuader.

彼はあまりに頑固で、誰も彼を説得できない。

❖ J'ai **tellement d'**amis **que** je ne m'ennuie jamais.

僕は友人が多いから、ぜんぜん退屈しない。

2 trop を使えば、「～すぎる」と表現することができます。

3 「～なだけに」と理由を説明するときは d'autant que が使えます。また d'autant plus ... que ～とすれば、「～なだけに、いっそう」と示すことができます。

4 「～から考えると」と理由となる状況を説明するには vu ＋名詞や、文語では attendu ＋名詞が使えます。これらは前置詞なので名詞に性数一致はしません。日常的に étant donné ＋名詞もよく使い、これも一般的には donné の性数一致は行いません。

5 vu や attendu、étant donné は que ＋直説法をつなげることもできます。

基本パターンの単語を変えて、フランス語で書いてみましょう。

1) Il faisait _____ _____ _____ je portais un _____ en duvet
dans la chambre.　　　　　　　あまりに寒かったから、部屋の中でダウンコートを着てた。

2) Je ne lui dirai _____ _____ ___'_____ _____'il ne _____ croit pas.
　　　　　　　　　　　彼は私のことを信じないのだから、もう何も言わない。

3) _____ sa _____, son _____ _____ raisonnable.
　　　　　　　　　　　　　　その質を考慮すれば、その価格ももっともだ。

② 並び替えて文を作ってみましょう。（ただし最初の文字も小文字にしてあります。）

1) 姉はあまりに早く話すから、彼女の言うことはよくわからない。
(ce qu'elle / dit / je ne comprends pas / ma sœur parle / que / si / très bien / vite)

_____.

2) あまりにたくさんやることがあるから、今日は外出できない。
(à faire / aujourd'hui / de choses / j'ai / je ne peux pas / que / sortir / tellement)

_____.

3) 彼女がヘトヘトだったので、寝かせておいた。
(d'autant / dormir / épuisée / était / je / l'ai / laissée / plus / qu'elle)

_____.

4) 会議があることを考えたら、打ち合わせは延期したほうがいいでしょう。
(reporter / étant donné / il vaut / mieux / notre / qu'on a/ rendez-vous / une réunion)

_____,_____.

③ フランス語で書いてみましょう。

1) 彼の話があまりに嘘っぽいので、誰も彼を助けなかった。（嘘っぽい = invraisemblable）

_____.

2) 仏像に興味があるから、なおさらこのお寺は訪れたかったんです。
　　　　　　　　　　　　（仏像= statue bouddhique　お寺= temple）

_____.

3) 食べすぎた。

_____.

Chapitre 11 まとめ：理由、原因、結果を説明する

昨日は電車が遅れて、いつもより2時間遅く家に着きました。それで楽しみにしていたドラマも一話、見逃しました。1時より前に寝るには、11時にお風呂に入らねばなりませんでした。とても疲れていたから、なおさらお風呂でゆっくりしたかったんです。ぐっすり寝られるように、ウイスキーを3杯飲みました。その結果、寝過ぎて、今朝は遅刻したんです。

電話でお話ししたことを受けて、確認のため印刷した書類をお送りします。正しいかどうか、ご確認ください。

いつもより = que d'habitude　　　　見逃す = rater
ドラマ = série　　　　　　　　　　　楽しみにしている＝お気に入りの＝ préféré
ゆっくりする = se détendre　　　　　電話での会話 = conversation téléphonique
印刷した = imprimé　　　　　　　　　丁寧にお願いする→ Leçon 18

できるようになった項目にチェックを入れましょう。

□ 原因を説明する → Leçon 42　　　　□ ～だからなおさら → Leçon 44

□ 結果を説明する → Leçon 41　　　　□ ～しすぎる → Leçon44

□ ～のために → Leçon43　　　　　　□ ～を受けて（メールの表現）→ Leçon 43

置き換えて使える Vocabulaire

交通機関

地下鉄	métro 男
パリ近郊の高速鉄道	RER 男
フランスの新幹線	T.G.V. 男
列車	train 男
快速列車	train rapide 男
交通 IC カード	carte Navigo * 女
切符	ticket 男
列車や飛行機の切符	billet 男
船	bateau 男
自転車	vélo 男
オートバイ	moto 女
タクシー	taxi 男
飛行機	avion 男
バス	autobus 男
レンタル自転車	vélib' 男 **

感覚・印象

簡単な	facile
難しい、とっつきにくい	difficile
厳しい、困難な	dur(e)
楽しい	amusant(e)
すばらしい	fantastique
個性的な	original(e)
平凡な	banal(e)
品のある	élégant(e)
品のない	vulgaire
汚い、醜い	moche
疲れる	fatigant(e)
無理な	impossible

味の印象

美味しい	délicieux / délicieuse
繊細な	subtil(e)
洗練された	raffiné(e)
滋味に富んだ	savoureux / savoureuse
（味が）まずい	dégoûtant(e)
大味な	fade
甘い	doux / douce
しょっぱい	salé(e)
ぴりっとした	piquant(e)
（辛味や酸味が）強い	fort(e)
苦い	amer / amère
酸っぱい	acide
脂っぽい	gras / grasse
カリッとした食感の	croquant(e)

11
理由、原因、結果を説明する

* Navigo はパリとパリ近郊で使える交通機関用の IC カード。
** vélib'（ヴェリブ）はパリ市内に設置されたポートから借りることができるレンタルサイクルのシステムです。どのポートから借りることもでき、どのポートにでも返却できる利便性から、メトロやバスとともに日常の交通手段となっています。

予想する

Leçon 45 **pouvoir ~ / peut-être** 　　　　～かもしれない

キーセンテンス

1 Ça peut bien être. 　　　　　　　　　そうかもしれない。

2 Il viendra peut-être. 　　　　　　　　たぶん彼は来るだろう。

3 Vraisemblablement il viendra. 　　　　どうやら彼は来るようだ。

4 Il est probable qu'elle réussira. 　　　彼女はおそらく成功するだろう。

5 Il se peut qu'elle ne vienne pas. 　　　彼女が来ないこともありうる。

1 pouvoir +不定詞で可能性を示せます。また、bien をつけると可能性を強められます。

2 peut-être で不確実であることを示せます。同様の表現に sans doute があり、直訳すると「疑いなく」ですが、peut-être よりもやや高い可能性を示すことができます。両方とも文頭に置いた場合、よく倒置が行われます。また que +直説法で文をつなげることも可能です。

❖ **Sans doute** est-il déjà parti. 　　　　おそらく彼はすでに出発してるよ。

❖ **Peut-être qu'**elle ne reviendra pas. 　　たぶん彼女は戻ってこないよ。

3 副詞の vraisemblablement も、ある程度の根拠があって可能性の高い予想を示すことができます。形容詞を使って il est vraisemblable que +直説法でも表現できます。

4 可能性のあることは、possible や probable を使って示せます。il est probable que +直説法や il est possible que +接続法といった使い方もできます。一般的に probable の方が possible よりも起こりうる可能性が高いときに使います。

❖ **Il est probable qu'**elle sera en retard. 　　彼女はおそらく遅刻するだろう。

❖ **Il est possible qu'**elle soit en retard. 　彼女はもしかしたら遅刻するかもしれない。

5 il se peut que +接続法でも、可能性としてありうることを示すことができます。

基本パターンの単語を変えて、フランス語で書いてみましょう。

1) Il _____ _____ _____ demain.　明日は雪が降るかもね。

2) Il _____ _____ ____'___ n'_____ pas cette condition.
　　　　　　　　　　　　　　　　　　　　　　　　彼はおそらくこの条件を飲まない。

3) Il _____ peut _____'elle _____ malade.　彼女は病気なのかもしれない。

 並び替えて文を作ってみましょう。（ただし最初の文字も小文字にしてあります。）

1) おそらく彼らは約束を忘れているのだろう。
(notre / oublient / qu'ils / rendez-vous / sans doute)

_____.

2) たぶんそれはとても重要なんだろうけど、義務じゃない。
(c'est / ce n'est pas / important / mais / obligatoire / peut-être / très)

_____, _____.

3) 私が完全に間違っていることも、大いにありうる。
(bien que / complètement / il / j'aie / se peut / tort)

_____.

4) 私は騙された可能性もある。（se faire で受動態を作る）
(est / fait / je / il / me / possible / que / sois / tromper)

_____.

 フランス語で書いてみましょう。

1) その可能性もあるね。

_____.

2) 彼らの議論は 2 時間以上続きそうだ。（続く = durer　　以上 = plus de）

_____.

3) たぶん私には、良い解決策は見つけられないでしょう。
　　　　　　　　　　　　（peut-être で始めて　～できる = arriver à ～）

_____.

Leçon 46　je suis sûr que ~

〜に違いない

キーセンテンス

1 On doit gagner.　　きっと勝つ。

2 Je suis sûr de notre succès.　　私はわれわれの成功を確信している。

3 Il est sûr que notre équipe gagnera.

われわれのチームが勝利することは確かです。

4 Il est évident que vous n'avez pas raison.

あなたが正しくないのは明白ですよ。

5 Elle viendra sans aucun doute.　　彼女が来ることは何の疑いもない。

1 devoir を使えば、確信をもった推測を示せます。条件法にすれば、「〜のはずだ」というニュアンスも表現できます。（→ Leçon34）

2 être sûr de 〜や être certain de 〜は、「確かである」と主観的な確信を伝えられます。また que ＋直説法をつなぐことも可能です。ただし「確かではない」と否定文にする場合や疑問文にする場合は、que の後の動詞は接続法になります。

❖ Je **suis certain que** nous réussirons.　　われわれが成功することを確信してます。

❖ Je **ne suis pas certain qu'**il vienne.　　彼が来るという確信はない。

3 sûr や certain を非人称構文で使うことで、客観的に確かなことを示すことができます。

4 sûr や certain よりも、「明白である」と示したいときには、il est évident que ＋直説法や il est clair que ＋直説法を使うことができます。

❖ **Il est clair que** notre idée a été volée.

われわれのアイデアが盗まれたのは明白だ。

5 sans doute は「おそらく」でしたが（→ Leçon45）、sans aucun doute では「疑いなく」と確実であることを副詞的に示せます。他にも certainement や assurément といった副詞で確実性を示すことが可能です。

❖ Elle te connaît **certainement**.　　彼女は間違いなく君のことを知ってるよ。

基本パターンの単語を変えて、フランス語で書いてみましょう。

1) Elle _____ _____ _____ je n'étais pas là.　彼女は私がそこにいないと確信していた。

2) Il _____ être au _____ _____ cela.　彼はそのことを知っていたはずだ。

3) Il est _____ que ta situation _____ très _____.

君の状況がとても難しいことは明らかだよ。

② 並び替えて文を作ってみましょう。（ただし最初の文字も小文字にしてあります。）

1) 僕の手帳は下から2番目の引き出しに入っているはずだよ。
(à partir / dans / devrait / du bas / être / le deuxième tiroir / mon carnet)

_____.

2) 彼女たちは何か隠してる、間違いない。
(aucun / cachent / doute / elles / quelque chose / sans)

_____.

3) 彼が破産することは確実だ。
(est / il / qu'il / se ruiner / sûr / va)

_____.

4) 君たちは、兄さんが母さんを説得できると確信してるのかい？
(certains / convaincre / êtes-vous / puisse / que / votre frère / votre mère)

_____?

③ フランス語で書いてみましょう。

1) 昨日、彼女を見かけただって？それは確かかい？（それ＝ en を使う）

_____.

2) この医者たちは確実に君の命を救うだろう。

(assurément を使って　間接目的語の te を使う)

_____.

3) あなたはきっと彼女に腹を立てているのだろう。（腹を立てる＝ se fâcher contre 〜）

_____.

Leçon 47　**Je pense que ~**

キーセンテンス

1 Je pense qu'il a raison.　　　　　　　　　　　　彼は正しいと思う。

2 Je trouve qu'elle a de la compétence.

彼女には専門知識があると思う。

3 J'imagine que tout se passe bien chez toi.

君のとこは全て順調だと思っているよ。

4 Je doute qu'il dise la vérité.　彼が本当のことを言っていると思ってない。

5 D'après moi, il faut faire autrement.

私の意見では、別の仕方でやるべきだと思う。

(1) 「～だと考える」「～だと思う」は je pense que ～や je crois que ～で示すことができます。概して、penser は情報など客観的に判断できることに使い、croire は噂や直感などから主観的に意見を述べるときに使います。否定文にしたときは que の後の動詞は接続法になります。

(2) trouver は日常の会話でよく使われる傾向があり、経験や印象から判断したり評価したりするときに使います。trouver ＋目的語＋属詞（目的語に性数一致）で「～を…だと思う」と伝えることもできます。よりフォーマルな文では estimer も同じような使い方ができます。

❖ Tu **trouves** cette revue intéressante ?　　　　　この雑誌、面白いと思う？

❖ Je les ai **estimées** très douées.　　　彼女たちはとても才能があると思いました。

(3) imaginer は情景を思い浮かべて「想像しています」という意味で使うこともあれば、単に「思う、考える」という意味でも使うことができます。

(4) 「～とは考えない」「そうは思わない」と疑いを示すには douter que ＋接続法も使えます。

(5) d'après moi や selon moi、à mon avis を付けることで「私としては」「私の意見では」と強調できます。moi や mon の部分を変えて応用が可能です。

❖ **À son avis**, la vie à Paris est plus chère qu'à Tokyo.

彼によれば、パリでの生活費は東京より高いらしい。

1 基本パターンの単語を変えて、フランス語で書いてみましょう。

1) Je _____ _____ _____ que tu _____ raison.　君が正しいとは思えない。

2) _____ _____ _____ mon fils ait déjà fini ses devoirs.

　　　　　　　　　　　　　　　　　　　　　息子がもう宿題を終えたなんて思えない。

3) _____ _____ tu sois à Paris.　君がパリにいるって考えてみて。

2 並び替えて文を作ってみましょう。(ただし最初の文字も小文字にしてあります。)

1) 私の意見では、払い戻しの請求はできると思うよ。
(à / avis / mon / peux / réclamer / tu / un remboursement)

_____, _____.

2) 元カレは私のことが、まだ好きなんだと思う。
(crois / encore / je / m'aime / mon ex / que)

_____.

3) 私の親友によれば、彼は役者になったらしい。
(acteur / devenu / est / il / ma / meilleure amie / selon)

_____, _____.

4) 彼の最新作の小説は傑作だと思う。
(dernier / je / magnifique / roman / son / trouve)

_____.

3 フランス語で書いてみましょう。

1) 彼は ICT (情報通信技術) に通じていると思う。
(ICT = TIC*　～に通じている = s'y connître en ～)

_____.

*Technologies de l'information et de la communication.

2) 僕は彼らが先週は京都にいたというのを疑ってるんだ。

_____.

3) もっとも誠実なのは、彼女だと思う。(誠実 = sincère)

_____.

Leçon 48 Il me semble ~ / On dit que ~

~に思える／
~と聞いている

キーセンテンス

1 Elle semble déçue.　　　　　　　彼女はがっかりしているように見える。

2 Ça a l'air bon.　　　　　　　　　　これは美味しそうだ。

3 J'ai l'impression qu'il fait marcher mon frère.
　　　　　　　　　　　　　　　　　彼が私の弟を騙しているように思える。

4 On dit que c'est le meilleur film de cette année.
　　　　　　　　　　　　　　　　　これが今年一番の映画らしい。

5 Je me demande si c'est vrai.　　　それが本当なのか考えている。

(1) 「~のように思える、見える」と主観的な判断を伝えるには、sembler に名詞や形容詞、不定詞をつけます。à ＋人をつけて、「誰々には~に見える」とすることも可能です。非人称構文の il semble que ~ も印象を伝えるのによく使う表現で、同様の表現に paraître がありますが、paraître のほうがやや話し言葉で使う傾向があります。

❖ **Il paraît que** ce livre est interessant.　　　　　この本は面白そうだ。

(2) 見かけが「~のように見える」の場合は、avoir l'air に形容詞や de ＋不定詞をつけます。形容詞は主語が物であれば主語に、人であれば主語か air のいずれかに一致させます。

(3) 「~の気がする」と印象を伝えるときには、avoir l'impression に de ＋不定詞や que ＋直説法（否定文のときは接続法）をつけて使います。

(4) 伝聞や噂から判断するときは on dit que を使うことができます。ちなみに on dirait que だと「まるで~のようだ」になります。伝聞では j'ai entendu dire que 「~だと聞いた」もよく使われます。il paraît que でも「~という噂だ、~と言われている」を示すことができます。

❖ **J'ai entendu dire qu'**il était parti.　　　　　彼は出発したと聞いています。

❖ **Il paraît qu'**il y aura une manifestation jeudi.　　木曜にデモがあるらしい。

(5) 自問して考えているときは je me dis que ~ や je me demande si ~ で示すことができます。

基本パターンの単語を変えて、フランス語で書いてみましょう。

1) Son idée ____'____ _____ _____.

彼のアイデアは私には独創的に思えた。

2) Ma fille ____ ____'_____ ____'_____ des problèmes.

娘は何か問題を抱えているようだ。

3) Je _____ _____ _____'il _____ changer de sujet.

話題を変えないといけないと思っていた。

 並び替えて文を作ってみましょう。（ただし最初の文字も小文字にしてあります。）

1) 私には、彼の申し出を断るのは不可能であると思われた。
(de / il / impossible / me / paraissait / refuser / sa proposition)

_____.

2) ここに大きなビルが建つらしい。
(allait / construire / dire / entendu / ici / j'ai / qu'on / un grand immeuble)

_____.

3) 私は時間を浪費しているような気がしていた。
(de / gaspiller / j'avais / l'impression / mon / temps)

_____.

4) 彼は大臣の娘と結婚したらしい。
(a / d'un ministre / dit / épousé / la fille / on / qu'il)

_____.

 フランス語で書いてみましょう。

1) 彼らは 3 年前に離婚したと聞いてるよ。

_____.

2) 彼はすべてを知ってるようだ。（paraître を使って）

_____.

3) 彼がこの町を離れたのは、私のせいなのではないかと自問している。

_____.

フランス語で書いてみましょう

—社長を殺したのはジャン (Jean) だと思う。

—ありうるね。でも俺の意見ではコゼット (Cosette) も怪しいね。

—本気か？おまえは何も理解してないようだな。彼女はマリウスと (Marius) 一緒にいたらしいぞ。

—俺は彼が本当のことを言ったのか、疑ってる。彼が彼女を好きだったのは明白だからな。

—確かにあの二人は付き合っていた。でも別れたと聞いているぞ。

—おそらく、その噂を流したのは彼らだよ。おまえはジャンがコゼットの本当の父親だって確信しているのかい？共犯者がいるような気が俺はするんだよな。

> 怪しい（容疑がある）= suspect(e)　　　　　本気 = sérieux
> 確かに～だが… = c'est vrai que ～ mais ...　付き合っている = être ensemble
> （恋愛関係がなくなって）別れる = rompre　その噂を流す = faire courir cette rumeur
> 共犯者 = complice

できるようになった項目にチェックを入れましょう。

□ ～だと思う → Leçon 47

□ 可能性を示す → Leçon 45

□ ～のようだ → Leçon48

□ 伝聞での判断を示す → Leçon 48

□ ～を疑う → Leçon 47

□ ～は明白である、確かに～だ
　　　　　　　　　　　　→ Leçon46

□ おそらく～だ → Leçon 45

□ 確信を示す → Leçon 46

□印象を伝える → Leçon 48

置き換えて使える Vocabulaire

メディア

ラジオ	radio 女
テレビ	télé / télévision 女
新聞	journal 男
雑誌	revue 女 / magazine 男
フリーペーパー	presse gratuite 女
月刊の	mensuel(le)
週刊の	hebdomadaire
季刊の	trimestriel(le)
情報、ニュース	informations 女・複
ニュース番組	bulletin d'informations 男
(サイト) トップページ	page d'accueil 女
(新聞の) 第一面	à la une
天気予報	météo 女
広告	pub / publicité 女

恋愛

恋人	petit(e) ami(e) *
元カレ／元カノ	mon ex **
夫／妻	époux / épouse
一緒に住む	vivre ensemble
恋人と別れる	rompre
フラれる	se faire jeter
〜にプロポーズする	demander la main de 〜
婚約する	se fiancer
婚約を解消する	rompre ses fiançailles
〜と結婚する	se marier avec 〜
(2人が) 結婚する	s'épouser
離婚する	divorcer
再婚する	se remarier

様子

楽しげな	joyeux / joyeuse
満足げな・納得した	satisfait(e)
不満げな	mécontent(e)
焦っている	impatient(e)
落ち着いた、冷静な	calme
いらだっている	énervé(e)
怒っている	en colère
得意がっている	fier / fière
がっかりしている	déçu(e)
妙な、変な	bizarre

 * copain (copine) / petit copain (petite copine) や amoureux (amoureuse) もあります。
 ** ex-petit ami や ex-copain という言いかたもあります。
 *** 夫、妻は mari, femme がもっとも一般的ですが、époux, épouse は公的な用語としても使われるため、よく使われる語になっています。また femme には「女性」の意味もあるので、意味を明確にしたいときには épouse が使われます。

12
予想や意見を伝える

条件

Leçon 49　si ~ / sinon

~ならば／もしくは

キーセンテンス

1 Si tu es d'accord, je lui écris un mail.

君が了解するなら、僕が彼にメールするよ。

2 Sans rendez-vous, on ne peut pas le voir.

アポがないと彼には会えません。

3 Calme-toi, sans quoi tu fais des erreurs.

落ち着けよ。そうしないとミスするぞ。

4 On se verra le 20 mai, sinon le lendemain.

5月20日に会おう。ダメなら翌日。

5 Tu peux sortir à condition de rentrer à l'heure.

定時に戻るなら、外出していいよ。

1 「もし〜なら」と仮定を示すには si を使います。単なる条件・仮定として示す場合は si の文は直説法の現在か過去を使い、主節も直説法になります。si の文を直説法半過去、主節を条件法にすると、非現実や実現の可能性の低い仮定を示すことになります。また、quand も条件を示すのに使うことがよくあります。

❖ **Quand** tu auras fini tes devoirs, tu pourras sortir.

宿題が終わったら、外出していいよ。

2 sans を使えば「もし〜がなければ」という条件を示すことができます。

3 sans quoi は、前の文を受けて「さもないと」と条件が満たされない時の結果を示すことができます。

4 sinon は、さまざまな使い方があるので注意が必要です。節の冒頭に使い、sans quoi と同様、「さもなければ」と結果を示したり、「もしくは」と代替案を示したりできますが、文頭に使って「それでも」と譲歩を示すこともできます（→ Leçon55）。

5 à (la) condition に de ＋不定詞や que ＋接続法をつけることで、「〜という条件で」と示すことができます。同様に sous la condition de ＋不定詞という表現もあります。

❖ Je vais te confier mon secret **à condition que** tu ne le dises à personne.

誰にも言わないなら、僕の秘密を君に打ち明けよう。

基本パターンの単語を変えて、フランス語で書いてみましょう。

1) _____ tu _____ maintenant, tu _____ ___ l'heure.　もし今出たら、時間通りに着くよ。

2) _____-_____ bien, _____ _____ tu _____ malade.
しっかり休めよ。じゃないと病気になるよ。

3) _____ _____ _____, nous ne pourrons pas accomplir ce projet.
君の助けがないと、われわれはこの計画を全うできないだろう。

② 並び替えて文を作ってみましょう。(ただし最初の文字も小文字にしてあります。)

1) 明日返してくれるなら、この本、貸してあげるよ。
(à condition / ce livre / demain / je / me le rendes / prête / que / te / tu)

_____.

2) 到着する日を教えて。そうじゃないと迎えに行けないから。
(de ton arrivée / je / la date / préviens-moi de / ne pourrai pas / sinon / te chercher / venir)

_____,_____.

3) 彼は不在に違いない。そうじゃなければ、返事してきてるはずだよ。
(absent / doit être / il / il / m'aurait / répondu / sinon)

_____,_____.

4) 準備ができたら、合図して。
(es / fais / me / prêt / quand / signe / tu / tu)

_____.

③ フランス語で書いてみましょう。

1) もし海外にいるなら、会議への参加義務はありません。
(〜の義務がある = être obligé de 〜)

_____.

2) 7月10日までに連絡ください。さもないと予約はキャンセルになります。

_____.

3) 姉がうどんを一杯奢るという条件で、姪っ子の面倒を見た。(〜を奢る = payer à 人 〜)

_____.

Leçon 50 avant ~ / dans les délais
〜までに／期限内に

キーセンテンス

1 Veuillez me répondre avant le 10 juin.

6月10日までにお返事ください。

2 Après avoir acheté un ticket, vous pouvez consulter ce site.

チケットを購入後、このサイトを閲覧できます。

3 Il faut réserver au moins une semaine à l'avance.

少なくとも一週間前までの予約が必要です。

4 J'ai bien annulé dans les délais.　期限内にちゃんとキャンセルしました。

5 Je vous ferai parvenir les documents début mars.

3月初旬には書類をお届けします。

---

(1) 期限を示すには avant を使います（→ Leçon 32）。de + 不定詞や que + 接続法もつけられます。「〜から…以内に」の dans + 期間 + qui suivre も便利な表現です。

❖ Consulte bien la notice **avant de** réclamer.

苦情を入れる前に説明書を読みなさい。

❖ Je pars **dans** les six jours **qui suivent** l'examen.

試験のあと6日以内に出発します。

(2) 「〜してから…する」と指示するには、après + 不定詞や après que + 直説法を使います。普通は不定詞や直説法の部分は複合過去や大過去になります。

(3) à l'avance をつければ、「前もって」「あらかじめ」と伝えることができます。au moins「少なくとも」と合わせて使われることがよくあります。

(4) 「期限内に」は dans les délais で示せます。また、最終期限を示すには dernier délai や au plus tard「遅くとも」をつければ明示できます。

❖ Tu dois la poster mardi **dernier délai**.

火曜を期限に、これを投函しないといけません。

(5) 「初旬」は début + 月や début du mois de + 月で示します。「下旬」は fin + 月やfin de + 月を、「中旬」は mi- + 月や milieu du mois de + 月で示します。

❖ Je suis arrivé à Paris à **la mi-février**.　2月の中旬にパリに到着した。

基本パターンの単語を変えて、フランス語で書いてみましょう。

1) J'ai réglé ma _____ d'hôtel ___ ___'_____.　宿泊費は先に精算してあります。

2) Je _____ ici _____ _____.　ここには 8 月下旬に戻ってきます。

3) _____ _____ signé ce document, merci de me _____ _____.

この書類にサインして、私に返送してください。

並び替えて文を作ってみましょう。（ただし最初の文字も小文字にしてあります。）

1)「よくある質問」を参照してからお問い合わせください。
   (après / avoir consulté / demander / des renseignements / la FAQ / nous / veuillez)
   _____.

2) 前もってご意見を私に伝えてください。
   (à / faites / l'avance / -moi / parvenir / votre avis)
   _____.

3) 7 月中旬に鎌倉に行かない？
   (à / à Kamakura / aller / est-ce que / la mi-juillet / ne / pas / tu / veux)
   _____?

4) 登録から 3 日以内にチケットを送ります。
   (dans les trois jours / envoie / je / l'inscription / qui / suivent / un ticket / vous)
   _____.

フランス語で書いてみましょう。

1) 今度の金曜、それが最終期限だよ。

   _____.

2) 式典は 4 月の上旬に行われます。（mois を使って　行われる = avoir lieu）

   _____.

3) 遅くとも 1 週間後には結果を伝えるね。（伝える＝使役動詞 faire を使う）

   _____.

Leçon 51　**d'une part** ~ / **quant à** ~

~の一方で／
~については

キーセンテンス

1 Nous vous assurons d'une part le bénéfice, d'autre part la sécurité.　われわれは利益を保証する一方で、安全性も保証いたします。

2 Quant à mon fils, il est toujours calme.
息子に関して言えば、相変わらず物静かです。

3 Vous pouvez choisir soit un éclair soit une tarte.
エクレアもしくはタルトを選べます。

4 Je suis disponible sauf ce vendredi.
今度の金曜以外なら空いてます。

5 En principe l'accueil ferme le lundi.
原則として毎週月曜は、受付は閉まっています。

1 ふたつのものを列挙して提示する場合は d'une part と d'autre part の組み合わせで示せます。また列挙するときに違いを示すときは、par contre が使えます。

❖ Nous vous assurons la sécurité, **par contre** nous ne pouvons pas assurer le bénéfice.　われわれは安全性の保証はしますが、一方で利益は保証できません。

2 いくつかの話題を示すとき、ふたつ目以降の話題に quant à をつけることで話題を強調し、限定することができます。

3 ふたつの選択肢を明確に強調して示すには、ou よりも soit ~ soit … を使います。後ろの soit は ou に置き換え可能です。

❖ **Soit** lundi **ou** mercredi on se réunira.　月曜か水曜に集まろう。

4 「~を除いて」は sauf ~や sauf que +直説法で示すことができます。より日常的な言い方では à part ~という表現もよく使われます。

❖ Tout le monde était d'accord **à part** moi.
みんなが同意していた。私を除いて。

5 「原則的には」と限定するには en principe を使います。その後に mais ~や exceptionnellement, par exception を使って例外を示すこともできます。

基本パターンの単語を変えて、フランス語で書いてみましょう。

1) J'ai _____ perdu _____ cette _____ d'un euro.

この1ユーロ硬貨一枚を除いて、全て失った。

2) _____ ___ _____, je ne suis pas ___'_____.　私に関して言えば、賛成しかねます。

3) Indiquez-moi ___'_____ _____ votre _____, ___'_____ _____
_____ date vous conviendrait.　ご都合とご希望日をお伝えください。

2 並び替えて文を作ってみましょう。（ただし最初の文字も小文字にしてあります。）

1) 僕が早く着きすぎたのか彼が遅れているかの、どちらかだ。
(arrivé / en retard / il est / je suis / soit / soit / trop tôt)

_____, _____.

2) 君のアイデアは完璧だよ、コストがかかることを除いてはね。
(coûteuse / est / est / idée / parfaite / qu'elle / sauf / ton)

_____.

3) 原則として、この映画は12歳以下の子どもには禁止されています。
(aux enfants / ce film / de 12 ans / de moins / en / est / interdit / principe)

_____, _____.

4) お前のビストロはあんまり知られていないけど、全部の料理が最高だ。
(assez / connu / contre / excellents / n'est pas / par / sont / ton bistrot / tous les plats)

_____, _____.

3 フランス語で書いてみましょう。

1) それを除けば、何の心配もない。（心配 = souci）

_____.

2) 出発日とご希望の戻りの日もお知らせください。
（d'une part, d'autre part を使って　〜を知らせる = informer de 〜　希望する = souhaité）

_____.

3) そこに行くのに、電車にするか飛行機にするか選べます。

_____.

Leçon 52　**en fait** ~ / **c'est à dire** ~　　実は〜／つまり〜

キーセンテンス

1 Je ne peux pas sortir. En fait j'ai pris froid.

出かけられないんだ。実は風邪ひいちゃって。

2 La capitale du Japon, c'est-à-dire Tokyo.

日本の首都、つまり東京。

3 Je n'y vais pas. En effet, j'ai jeté le billet.

そこには行かないよ。実際、チケット捨てたし。

4 En tout cas, je te tiens au courant.

いずれにしても、君には報告するよ。

5 En plus, je n'aime pas trop sortir.

それに、外出はそんなに好きじゃないから。

1 en fait を付けると、「実は」と事情を説明できます。また、対立のニュアンスを出すこともできます。似た表現の de fait だと「事実、実際に」と説明することができ、au fait だと「そういえば」と新しく話題を変えることができます。

❖ Il est doué en langue. **De fait** il a maîtrisé le japonais en un an.

彼は語学の才能がある。実際、一年で日本語をマスターした。

❖ **Au fait**, tu t'es fait couper les cheveux ? ところで、髪切った？

2 前に示したことを具体的に示したり、わかりやすく言い直したりするときには c'est-à-dire が使えます。同様に「言い換えれば」という autrement dit もよく使われる表現です。

❖ Je reste ici. **Autrement dit**, je t'aide. ここに残るよ。つまり手伝うってことさ。

3 en effet は「確かに」「実際に」と、前に示したことを裏付けて念を押したり、証拠を示したりするときに使えます。

4 en tout cas は「ともかく」「いずれにせよ」に相当する口語的な表現です。やや形式的にするには de toute façon が使えます。

5 「そのうえ」や「それに」と追加で説明を加えるときは en plus をつけます。口語的な表現になるので、やや硬めの言い方にしたければ de plus を使います。

基本パターンの単語を変えて、フランス語で書いてみましょう。

1) ＿＿＿＿ ＿＿＿＿＿ ＿＿＿＿, ＿＿＿＿＿＿-moi s'il ＿＿＿＿ plaît.

いずれにしても、電話かけ直してきて。

2) Je n'ai pas pu le voir. ＿＿＿＿ ＿＿＿＿＿, il était ＿＿＿＿＿＿.

彼には会えなかったんだ。実は留守でね。

3) Ça ＿＿＿ ＿＿＿＿ beaucoup. ＿＿＿ ＿＿＿＿ je le porte ＿＿＿＿＿ ＿＿＿ ＿＿＿＿＿.

これ気に入ってるんだ。実際、毎日身につけてるし。

 並び替えて文を作ってみましょう。（ただし最初の文字も小文字にしてあります。）

1) 忙しいだって？ つまり今夜は来ないってことだね。

(c'est-à-dire / ce soir / dis / occupé / que / tu / tu es / tu ne viens pas)

＿＿＿＿＿＿＿＿＿＿？＿＿＿＿＿＿＿＿, ＿＿＿＿＿＿＿＿.

2) 外に出たくないなぁ。雨もたくさん降ってるし。

(beaucoup / de sortir / en / envie / il pleut / je / n'ai pas / plus)

＿＿＿＿＿＿＿＿. ＿＿＿＿＿＿＿＿＿.

3) 彼女は出発したと思ってるだろ？ でも実はまだそこにいるんだ。

(elle est / en fait / mais / n'est-ce pas / partie / qu'elle est / toujours là / tu crois)

＿＿＿＿＿＿＿, ＿＿＿＿？＿＿＿＿＿, ＿＿＿＿＿＿.

4) 疲れてそうだね。－実際、今日は会議が 3 つあってね。

(aujourd'hui / en effet / j'ai eu / l'air / très fatiguée / trois réunions / tu as)

＿＿＿＿＿＿. － ＿＿＿＿＿, ＿＿＿＿＿＿＿.

 フランス語で書いてみましょう。

1) いずれにしても、いろいろありがとう。

＿＿＿＿＿＿＿＿＿＿＿＿＿.

2) 講演会の翌日、つまり 24 日に戻ってきます。

＿＿＿＿＿＿＿＿＿＿＿＿＿.

3) そういや、アドレス変えた？

＿＿＿＿＿＿＿＿＿＿＿＿＿.

Chapitre 13 まとめ：条件を伝える

来月の下旬に会議が行われます。出張中であれば、オンラインでの参加が可能です。そうでなければ会議室にお集まりください。つきましては、都合のいい日と昼食を取られるつもりかどうかを、3月8日までにお伝えください。昼食に関しては、和風弁当（bento à la japonaise）か、ベジタリアン弁当（bento végétalien）が選べます

会議が2時間以内であれば、金曜日以外は全ての日が空いています。つまり4月25日から28日までです。一方、会議が午前中であれば参加はできません。いずれにせよ昼食は要りません。

> 出張中＝ être en déplacement　　　　　オンライン＝ en ligne
> 会議室＝ salle de réunion　　　　　　　つきましては → Leçon41
> 時間がかかる＝ durer　　　　　　　　　～以内＝～以下＝ moins de ～
> お伝えください＝私たちに知らせてください

できるようになった項目にチェックを入れましょう。

□「上旬」や「下旬」が示せる → Leçon 50　　　□選択肢を示す → Leçon 51

□ 条件を示す → Leçon 49　　　　　　　　　□「～以外」と例外を伝える → Leçon 51

□ さもなければ → Leçon49　　　　　　　　□「つまり」と言い換える → Leçon 52

□ 複数のことを列挙する → Leçon 51　　　　□「一方で」と対比する → Leçon 51

□ 期限を示す → Leçon50　　　　　　　　　□ いずれにせよ → Leçon 52

□「～については」と強調する → Leçon 51

置き換えて使える Vocabulaire

日常の動詞

目覚める	se réveiller
起きる	se lever
化粧する	se maquiller
髭を剃る	se raser
歯を磨く	se brosser les dents
服を着る	s'habiller
身支度をする	se préparer
シャワーを浴びる	prendre une douche
お風呂に入る	prendre un bain
洗濯をする	faire la lessive
皿洗いをする	faire la vaisselle
アイロンがけをする	faire le repassage
掃除機をかける	passer l'aspirateur
洗濯物を乾かす	faire sécher le linge
ゴミを出す	sortir la poubelle
買い出しをする	faire les courses
食事を作る	préparer le repas
外食する	manger dehors
ベッドに行く	aller au lit *
横になる	se coucher

徹夜する	passer une nuit blanche
没頭する、集中する	se concentrer
ちょっと食べる	grignoter
休む	se reposer
休憩	pause 女

天候

晴れ	beau temps 男
曇り	temps nuageux 男
雨	pluie 女
にわか雨	averse 女
風	vent 男
嵐	tempête 女
雷雨	orage 男
雷（稲妻）	éclair 男
台風	typhon 男
雪	neige 女
猛暑	canicule 女
霜	gelée 女
寒波	vague de froid 女

13
条件を伝える

＊寝具に関連する語：couette 女 羽根布団、housse de couette 女 掛け布団カバー、
drap 男 シーツ、drap housse 男 ボックスシーツ、oreiller 男 枕、
coussin 男 クッション、taie 男 枕カバー、
couverture 女 掛け布団、毛布

対比する

Leçon 53　**mais** ~ / **seulement** ~　　　　～だけど／ただ～

キーセンテンス

1 Je te comprends mais laisse-moi réfléchir.

君の言うこともわかるけど、考えさせて。

2 J'aurais dû rester là-bas. Cependant je n'ai pas de regret.　　僕はあそこに残るべきだった。とはいえ、後悔はしてない。

3 On ne m'a pas rappelé, pourtant j'avais laissé un message.　　折り返しの電話がなかったんだよ。メッセージを残したんだけどね。

4 Ma sœur veut acheter une voiture. Toutefois elle n'a pas de permis.　　姉は車を買いたがっている。でも免許は持っていないんだけど。

5 Vous pouvez quitter la salle de classe, seulement vous laissez toutes vos affaires.

教室から出てもいいですよ、ただ、持ち物はすべて置いていってください。

---

1 「しかし」「でも」と、ふたつの事柄の対比や対立を示すなら mais を使います。cependant や pourtant、toutefois はニュアンスを気にしなければ、mais で代用可能です。

2 cependant はやや書き言葉的ですが、「とはいえ」「しかしながら」と軽い対比を示すことができます。

3 pourtant はある事実があるのを前提とした上で、「それにしても」「それにもかかわらず」と対立を示すことができます。ちなみに mais pourtant にすると、控えめに対比・対立を示したりもできます。

❖ Il est capricieux **mais pourtant** fidèle.　彼は気まぐれなのだが、誠実でもある。

4 toutefois は、対比を示しつつ、「だけど、言っておくと」と情報を付け加えることができます。また、si と合わせて使うと「もっとも〜であるなら」と譲歩も付け加えられます。

❖ Viens avec nous **si toutefois** ça ne te dérange pas.

一緒に来て。差し支えなければだけど。

5 seulement を口語で節の初めに使えば、「ただし〜」と制限をつけることができます。

基本パターンの単語を変えて、フランス語で書いてみましょう。

1) Je vais la chercher. _____, je ne _____ pas _____ elle m'attend encore.
彼女を迎えに行くけど、ただ、まだ待ってるかわからないよ。

2) Je t'_____, _____ _____ ça ne te gêne pas.
一緒に行くよ。もし邪魔じゃないならね。

3) Il lui a _____ de l'argent. _____ il savait bien qu'elle _____ chômeuse.
彼は彼女にお金を貸した。彼女が失業していると知っていたはずなのに。

2 並び替えて文を作ってみましょう。(ただし最初の文字も小文字にしてあります。)

1) あの男はとても金持ちなのだが、それでも自分の財産を無駄遣いはしない。
(cet homme / est / et pourtant / il / ne gaspille pas / sa fortune / très riche)

_____, _____.

2) お前はまだ許されたわけじゃないぞ。まぁともかく、この贈り物は受け取っておくけど。
(ce cadeau / encore / j'accepte / n'es pas / pardonné / toutefois / tu)

_____. _____, _____.

3) たくさんやることがあるけど、映画に行くつもりだ。
(à faire / au cinéma / beaucoup / aller / de choses / j'ai / je pense / pourtant)

_____. _____.

4) 家族と旅行に行きたいとこだけど、あいにくお金がなくて。
(avec / bien / d'argent / j'aimerais / je n'ai pas / ma famille / seulement / voyager)

_____, _____.

3 フランス語で書いてみましょう。

1) 別荘を借りられるよ。ただし保証金を預けないとダメだけど。(保証金 = caution)

_____.

2) 彼の助言は実用的なのだが、ありきたりだ。(ありきたり = banal)

_____.

3) 彼はパソコンを替えるつもりだが、彼はすでにすべての予算を使い果たしていた。
(お金を使う = dépenser　予算 = budget)

_____.

Leçon 54　malgré ~ / bien que ~　　〜にもかかわらず

キーセンテンス

1 Malgré tous mes efforts, j'ai échoué à mon examen.

最善の努力をしたのに試験に落ちた。

2 Il continue à travailler bien qu'il soit malade.

彼は病気なのに仕事を続けている。

3 Quoiqu'il pleuve dehors, il va à l'école à vélo.

外は雨だけど、彼は自転車で学校に行く。

4 Tout en travaillant tous les jours, il est toujours en forme.

毎日働いているのに、彼はつねに元気いっぱいだ。

5 Il a dit ça, certes, mais il fait semblant d'ignorer.

彼は確かにそう言った。だが知らないふりをしている。

---

1 malgré ＋名詞で「〜にもかかわらず」と対立を示せます。

2 「〜にもかかわらず」を文で示すには、bien que ＋接続法を使います。また、形容詞を伴うこともできます。

❖ **Bien que** française, elle parle couramment japonais.

フランス人だけど、彼女は日本語を流暢に話す。

3 quoique でも対立を示せます。encore que も同義ですが、留保のニュアンスが出てきます。会話では、quoique を最後につけて留保を示すこともできます。

❖ Elle est aimable **encore qu'**elle soit un peu difficile.

彼女は好感持てるよ。少し気難しいところもあるけど。

❖ Bien sûr qu'il est sympa, **quoique**...

もちろん彼は親切だよ。いや、とは言っても…。

4 「〜なのに」と譲歩を示すには、ジェロンディフを使うこともできます。この場合、前に tout をつけることが多くあります。

5 certes や c'est vrai que 〜と mais を組み合わせると、譲歩や対比を示せます。

❖ **C'est vrai qu'**il est intelligent mais on ne lui fait pas confiance.

彼は確かに頭はいいけど、みんな彼を信頼していないよ。

基本パターンの単語を変えて、フランス語で書いてみましょう。

1) _____, notre _____ a été supprimé, _____ nous n'avons pas _____

_____ à ce projet.　確かに予算は撤廃された。でもわれわれはまだこの計画を諦めていない。

2) _____ _____'il _____ _____ son examen, il a l'_____ content.

彼は試験に失敗したのに、満足げだ。

 並び替えて文を作ってみましょう。（ただし最初の文字も小文字にしてあります。）

1) 彼はとても若いが、この仕事を十分にこなせるはずだ。
(capable / ce travail / d'effectuer / être / il doit / quoiqu'il / soit / très jeune)

_____,_____.

2) 私は犬のほうが好きだと知っているのに、夫は家で猫を飼うとしつこく言う。
(avoir un chat / chez nous / en sachant que / insiste pour / je préfère / les chiens /
mon mari / tout)

_____,_____.

3) そのつもりはなかったのに、爆笑してしまった。
(de rire / éclaté / j'ai / malgré / moi)

_____,_____.

4) 彼は上手に書いている、いくつかミスもあるが。
(ait / bien / encore / écrit / il a / qu'il / quelques fautes / y)

_____.

 フランス語で書いてみましょう。

1) わたしの忠告を無視して、彼は出発したのです。（malgré を使って）

_____.

2) 友達はみんなひどい出来だと思ってるけど、僕はこの映画を見にいく。

（ひどい出来＝ nul　思っている＝ trouver を使う）

_____.

3) 確かに僕は約束したけど、状況が変わったんだ。（状況＝ les choses）

_____.

Leçon 55 | quand même / non seulement ... mais ~

キーセンテンス

1 Je ne veux pas, mais je le ferai quand même.

やりたくないけど、それでもやるよ。

2 Sinon j'irai le voir quand même.

それでも、彼に会いに行くことにする。

3 Je t'ai promis mais finalement je ne peux pas venir.

約束しましたが、結局、行けません。

4 J'ai envie de la voir, ou seulement d'entendre sa voix.

彼女に会いたいんです。でなければ、声を聞くだけでも。

5 Non seulement il est méchant mais il est sarcastique.

彼は意地が悪いだけでなく、嫌味だ。

(1) quand même は文脈に応じていろいろな使い方ができますが、もっとも多いのが「それでも」という譲歩を示す使い方です。お礼の言葉と合わせて使うこともよくあります。

❖ Je veux venir avec toi mais je ne suis pas disponible. Merci **quand même**. 一緒に行きたいけど、空いてないんだ。でも（誘ってくれて）ありがとう。

(2) sinon は条件を示すだけでなく（→ Leçon49）、文頭につけて譲歩を示すことができます。その際、quand même とセットで使うことがよくあります。

(3) さまざまな状況を踏まえた後で、「だけど結局、とどのつまり」と結論するときには mais finalement や en fin de compte (= à la fin de compte) が使えます。

❖ **En fin de compte**, il a changé complètement d'avis.

結局、彼は意見を完全に変えた。

(4) 前に示したことに加えて、「そうでなければ、〜だけでも」と譲歩を示したいときは ou seulement を間に入れることで伝えられます。

(5) 「〜だけでなく…も」と付け加えるには、non seulement 〜 mais ... の構文が使えます。mais の後に aussi をつけて「〜もまた」とさらに重要であることを示したり、encore をつけて「さらに…でさえある」と強調して重ねたりすることもできます。

1 基本パターンの単語を変えて、フランス語で書いてみましょう。

1) _____ _____ _____ _____, qu'est-ce _____ tu _____ faire ？　で、結局どうしたいの？

2) Tu _____ pu me dire à l'_____ _____ _____.

　　　　　　　　　　　　　　　　それにしても、前もって言ってくれればよかったのに。

3) Je _____ deux _____ _____ _____ une si vous en avez pas
plus.　　　　　　　　　　　　2瓶欲しいんです。もしないなら、1瓶だけでも。

2 並び替えて文を作ってみましょう。（ただし最初の文字も小文字にしてあります。）

1) 私はフランス語だけでなく、スペイン語も話せる。
(aussi / je / l'espagnol / le français / mais / non / parle / seulement)

_____.

2) ちょっと難しそうだけど、それでも一人でなんとかできると思う。
(a / ça / je pourrai / l'air / me débrouiller / quand même / sinon / tout seul /
un peu difficile)

_____._____.

3) この靴は高いだけでなく、しかも流行おくれだ。
(ces chaussures / démodées / encore / mais / non / seulement / sont chères)

_____.

4) 君にお金を返そうと思っていたんだけど、結局まだ10万円足りない。
(cent mille yens / finalement / il / je pensais / mais / me manque / te rembourser /
toujours)

_____.

3 フランス語で書いてみましょう。

1) この研修は大変だろうけど、それでも興味ある。（研修 = stage）

_____.

2) かなり迷ったけど、ついに決心したよ。（決心する = se désider）

_____.

3) で、結局、何が言いたいの？

_____?

Leçon 56 **même si** 〜

キーセンテンス

1 Même s'il pleut, j'y irai à moto. たとえ雨が降っても、バイクで行くよ。

2 Quoi qu'il arrive, je vous fais confiance.

何があっても信用しています。

3 Quelle que soit la situation, je ne changerai pas le plan.

状況がどうあれ、計画は変えない。

4 Si intelligents qu'ils soient, ils ne comprendront pas.

いくら彼らが賢くても、理解できまい。

5 Tu as beau dire, il est vraiment têtu.

言ってもムダだよ。彼はほんとに頑固だから。

1 「仮に〜でも」と仮定の譲歩を示すときは même si + 直説法を使います。

2 quoi que は主語 + 接続法をつなげて、やや凝った言い方で「何が〜しても」と示せます。「〜にもかかわらず」の quoique（→ Leçon54）とは違い、quoi と que の 2 つの語から成っています。また人を示す場合は quoi ではなく qui を使います。

❖ **Qui que** vous soyez, vous devez respecter les règles.

あなたが誰であれ、ルールは守らねばなりません。

3 quel (quelle, quels, quelles) que soit / soient + 主語で、「〜がどうであっても」と譲歩を示すことができます。quel は主語に合わせて形が変わります。また「どんな〜でも」という表現で n'importe quel + 名詞（quel は名詞に合わせて変化する）も覚えておくと便利です。

❖ Elle s'adapte à **n'importe quelle** situation. 彼女はどんな状況にも適応する。

4 si + 形容詞 / 副詞 + que + être の接続法で、「どれほど〜でも」と譲歩を示すことができます。「あまりに〜なので…だ」の si 〜 que ... との用法の違いに注意が必要です（→ Leçon 44）。主語が代名詞のときは que を省いて倒置で表現することも可能です。

❖ Elle va se tromper, **si** prudente soit-elle.

いくら彼女が注意深くても、間違えるだろう。

5 avoir beau + 不定詞で「(たとえ) 〜してもムダだ」と示すことができます。

基本パターンの単語を変えて、フランス語で書いてみましょう。

1) _____ malin _____'il _____, il n'y parviendra pas.

いくらずる賢くても、うまくいかないだろう。

2) _____ ___ je le _____, je ___ te dirais _____.　たとえ知ってても、お前に何も言うもんか。

3) Vous _____ _____ faire, _____ ne changera.　やったってムダだよ。何も変わらない。

 並び替えて文を作ってみましょう。（ただし最初の文字も小文字にしてあります。）

1) 君がそれをどう思おうと、それが現実だよ。
(c'est / en / la réalité / penses / que / quoi / tu)

_____.

2) あなたの決定がどうあれ、それを尊重します。
(la / nous / que / quelle / respecterons / soit / votre décision)

_____, _____.

3) それが誰であろうと、この書類は渡してはいけない。
(à / ce / ce document / il ne faut / que / qui / soit / transmettre)

_____.

4) たとえみんなが同意しなくても、僕はそれをするよ。
(d'accord / ferai / je / le / le monde / même si / n'est pas / tout)

_____.

 フランス語で書いてみましょう。

1) 何でも必要なことがあったら、遠慮なく私に言ってください。

（si vous avez besoin de ～で始める）

_____.

2) 価格がどうあれ、わたしは絶対に最新のモデルのスマホを買う。

（絶対に＝確実に、確かに）

_____.

3) どんなジャンルの音楽も聴きますよ。

_____.

フランス語で書いてみましょう

来月、『レ・ミゼラブル』のミュージカルを見に行こうと思ってるんだけど、一緒に行く？ただ、席が取れるかどうか、確実ではないけど。演出の評判はあまり良くないけど、それでも見たいんだよね。評判はどうあれ、話題作ではあるし。もし興味あったら、君の都合と希望の席種を教えて。

誘ってくれてありがとう。たしかに絶対に見たい作品ではないけど、それでも少し興味ある。評判がどうであっても、私は好きかもしれないし。19 日以外の週末は空いてる。私は、どの席でも大丈夫だよ。

> ミュージカル = la comédie musicale
> 演出 = la mise en scène
> 話題作 = 人がよく話している作品
> 〜かもしれない = pouvoir を条件法で使う
>
> 確実ではない → Leçon 46
> 評判が良い = avoir bonne réputation
> 席種 = catégorie de place
> 〜以外は → Leçon 51

できるようになった項目にチェックを入れましょう。

□「ただ〜だけど」と保留する
　　　　　　　　　　　　→ Leçon 53

□ 〜にもかかわらず → Leçon 54

□ それでも、やっぱり → Leçon 55

□ 〜がどうであっても → Leçon 56

□ 確かに…だけど〜 → Leçon 54

□ どの〜でも → Leçon 56

置き換えて使える Vocabulaire

性格・特徴（良い）

社交的な	sociale
時間を守る	ponctuel(le)
率直な	franc / franche
忠実な	fidèle
誠実な	honnête
雄弁な	éloquent(e)
聞き上手	savoir écouter
自然体の	spontané(e)
魅力的な	charmant(e)
やる気がある	motivé(e)
打ち解けた	familier / familière
気が利く	attentionné(e)
機知に富む	spirituel(le)

性格・特徴（悪い）

神経質な	nerveux / nerveuse / sensible
頑固な	têtu(e)
傲慢な	orgueilleux / orgueilleuse
自惚が強い	prétentieux / prétentieuse
男尊女卑な	macho

人種差別的な	raciste
けちな	radin(e)
怠け者	paresseux / paresseuse
不実な	infidèle
不誠実な	malhonnête
失礼な	impoli(e)
嘘つきな	menteur / menteuse
不注意な	inattentif / inattentive
ぼんやりした	distrait(e)

有効・無効

役に立つ	utile
役に立たない	inutile
有効な	valable
有効期限切れの	périmé(e)
期限が切れる	expirer
効果的な	efficace
効力がない	inefficace
無駄な・効果がない	vain(e)
便利な	pratique
不便な	incommode

＊外見上の特徴でよく使う語：grand(e) 背が高い、petit(e) 背が低い、
gros / grosse 太った、fort(e) 体格がいい、
costaud がっしりした、musculeux / musculeuse 筋肉質の、
dodu(e) ぽっちゃりした、svelte すらりとした、
mince 痩せた

「書き出し」と「結び」

Leçon 57　cher ~ / cordialement　　　　　〜様／敬具

キーセンテンス

1 Chers collègues.　　　　　　　　　　　　　　　同僚のみなさま。

2 Amicalement.　　　友情を込めて。（手紙やメールの末尾につける定型表現）

3 À plus.　　　　　　　　　　　　　　　　　　　それでは。

4 Bien à vous.　　　　　　　　　　　　　　　　　敬具。

5 Avec mes salutations distinguées.　どうぞ、よろしくお願いします。

1　メールや手紙の書き出しは、親しい間柄では名前のみを記しますが、同僚などには Cher collègue や Cher ami を使うことができます。複数名に送る場合は複数形にします。また初めてメールをする相手で担当者がわからない場合は Madame, Monsieur を使います。仕事などフォーマルな形式では Cher Monsieur / Chère Madame なども使えます。

2　メールや手紙の結びには、決まった書き方があります。相手との関係や本文の内容によって様々ですが、親しい友人であれば Amicalement や Amitiés が使えます。また汎用性の高い便利な表現に Cordialement があります。第三者にも言及する場合は Dis bonjour à 〜 や Transmettez mes amitiés (salutations) à 〜 という結びもよく使われます。

3　近いうちに会う予定があったり、メールのやり取りがそのまますぐに続いたりする場合は、親しい間柄であれば À plus（しばしば A +と書かれる）が使えます。

4　親しい相手にも仕事の相手にも使える便利な結びとして Bien à vous（友人であれば Bien à toi）があります。Bien sincèrement à vous とすれば、よりフォーマルになります。

5　問い合わせなど事務的なメールの結びには Avec mes salutations distinguées や Veuillez agréer mes sentiments distingués、Je vous prie d'agréer l'expression de mes sentiments distingués、Je vous prie de recevoir mes respecteuses salutations などが使いやすいでしょう。

1 基本パターンの単語を変えて、フランス語で書いてみましょう。

1) _____ _____. （同僚の女性に対して送るメールの書き出し）

2) ____ très bientôt. _____. （久々に会う約束をした友人に書いたメールの結び）

3) _____ un _____ week-end. _____ _____ _____.

（仕事の相手に対して）良い週末をお過ごしください。敬具。

2 並び替えて文を作ってみましょう。（ただし最初の文字も小文字にしてあります。）

1) ご家族にもよろしく伝えてね。
(à / bonjour / dis / ta famille)

_____.

2) いつが空いてるか教えて。それでは。
(A+ / dis-moi / disponible / quand / tu es)

_____. _____.

3) お返事を待ちしております、どうぞよろしくお願いいたします。
(d'agréer / de / distingués / en attendant / je / l'expression / mes sentiments / prie / votre réponse / vous)

_____,_____.

4) ご意見、お聞かせください。敬具。
(à vous / bien / faire / nous / part de / sincèrement / veuillez / votre opinion)

_____._____.

3 フランス語で書いてみましょう。

1) あなたの同僚にも、よろしくお伝えください。(transmettre を使って)

_____.

2) 前向きの返答をお待ちしております。よろしくお願いいたします。
（丁寧な定型文を使う　〜をお待ちしています = dans l'attente de 〜　前向き = positif）

_____.

3) よい日曜日をお過ごしください。敬具。

_____.

Leçon 58 「,」「:」/ d'abord ... ensuite
まず…それから

キーセンテンス

1 Tu prends quoi ? Du vin, de la bière ou de l'eau.
何飲む？　ワイン、ビール、水。

2 J'ai visité deux villes : Tokyo et Yokohama.
東京と横浜、ふたつの都市を訪れました。

3 Tu m'as certainement dit : « Je te le rendrai demain. »
君は確かに「明日、返すよ」って言ったよ。

4 J'irai d'abord à Paris et ensuite à Berlin.
まずパリに行って、それからベルリンに行く。

5 À propos, j'ai une question.　そういえば、ひとつ質問があるんです。

1 et や ou を使わず情報を付け加えるには「,」を使い、最後の情報を示す前に et や ou を置きます。「,」で区切って直前の語句を名詞や形容詞で説明することもできます。

❖ Kyoto, ancienne capitale du Japon, possède beaucoup de patrimoines historiques.
日本のかつての首都である京都は、多くの歴史的遺産を有している。

2 「:」をうまく使えば、説明や例示をわかりやすく、効果的に示すことができます。理由や結果、具体例や説明などを付け加えることができます。

3 引用を用いて説明や追加の情報を示すときは、« » を使います。また、特定の語を強調したり、特別な意味を示唆したりもできます。

4 「最初に〜、そして次に…」や「まず〜、それに…」と順を明確に示して情報を加える場合、d'abord と ensuite を使います。「最後に」を加える場合、enfin や à la fin を使います。

5 話題を変えて付け加える場合は、Leçon 52 の 表現のほか、「ところで」、「そういえば」の à propos や「ついでに言えば」の soit dit en passant を使うことができます。ちなみに à propos de 〜になると「〜に関して」という意味になります。

❖ **À propos de** ça, je n'ai aucune inquiétude.
これに関しては、何の心配もしていません。

基本パターンの単語を変えて、フランス語で書いてみましょう。

1) ____ faire : courses, _____ , _____ . To do 買い物、掃除、宿題。

2) Mon frère, très _____ , est _____ _____ .

兄はとても頭が良く、弁護士になった。

3) ____ _____ , tu l'as vu _____ ? ところで、最近、彼に会った？

 並び替えて文を作ってみましょう。（ただし最初の文字も小文字にしてあります。）

1) 彼は僕に言ったんだ。「疲れてるみたいだね」って。
(: / « / . » / as / dit / fatigué / il / l'air / m'a / tu)

_____ .

2) 母は大喜びしている。なぜなら僕がついに小説を出版したからだ。
(: / enfin / est / j'ai / ma mère / publié / ravie / un roman)

_____ .

3) それは無理だよ。まず、お金がない。それに時間もないんだ。
(c'est / d'abord / d'argent / ensuite / impossible / le temps / on n'a pas / on n'a pas)

_____ . _____ , _____ , _____ .

4) ついでにいえば、それはしたくもない。
(ai / dit / en passant / envie / je / n'en / pas / soit)

_____ , _____ .

 フランス語で書いてみましょう。

1) 下から2行目に、「4月6日まで」と書いてあります。（書いてある = indiquer）

_____ .

2) まず私が計画を説明し、次に山田さんがそれを補足して、最後にリーダーが質問に答えます。

_____ .

3) うちの部長の山下さんは、出張が多すぎる。（「,」を使って山下さんが部長だと説明する）

_____ .

Leçon 59　J'ai le plaisir de vous annoncer ~　～をお知らせできて嬉しい

キーセンテンス

1 J'ai le plaisir de vous annoncer le 100ème anniversaire de ma grand-mère.

祖母の 100 歳の誕生日をお知らせできて、嬉しく思います。

2 C'est avec un grand plaisir que j'ai appris le 100ème anniversaire de votre grand-mère.

おばあ様の 100 歳のお誕生日を知らせてもらって、嬉しく思います。

3 J'ai la douleur de t'annoncer la disparition de notre ami Jean Gabin.

われらが友人ジャン・ギャバンが亡くなったことを、悲しみをもって伝えます。

4 C'est avec une grande peine que j'ai appris la disparition de Jean.

ジャンの訃報を知ってたいへん哀しく思っております。

5 Je te souhaite un prompt rétablissement.

早くよくなるように願ってます。

(1) 喜ばしいことを伝えるときには j'ai le plaisir de vous annoncer を使うと便利です。annoncer の代わりに informer や faire part de を使うこともできます（→ Leçon 36）。le plaisir の代わりに la grande joie もよく使われます。annoncer の後は名詞だけでなく de ＋不定詞や que ＋直説法をつけることもできます。

(2) 喜ばしいことを聞いた時の返信に使える表現に c'est avec un grand plaisir que j'ai appris ～があります。le plus grand plaisir と最上級にしてもいいでしょう。また、un grand plaisir の代わりに une grande joie を使うこともできます。

(3) 訃報のような重大で悲しいできごとは、あまりメールなどで知らせることではないでしょうが、喜ばしくないことは、上記 1 の le plaisir を la douleur にすると伝えられます。また、「死」は mort を使わず、disparition や décès を使います。

(4) 上記 2 の plaisir を peine に変えると、不幸なできごとに対する返信に使えます。

(5) un prompt rétablissement は「早く元の状態に戻ること」を示します。「大事がないことを願う」という j'espère qu'il n'y a rien de grave も使いやすい表現です。

基本パターンの単語を変えて、フランス語で書いてみましょう。

1) _____ _____ _____ grand _____ de t'annoncer notre _____.

　　　　　　　　　　　　　私たちの結婚の報告ができて、嬉しく思います。

2) C'est _____ un grand _____ que j'ai _____ cette _____ nouvelle.

　　　　　　　　　　このすばらしいお知らせを受けて、大変嬉しく思っています。

3) J'ai la _____ _____ vous faire _____ du _____ de notre PDG.

　　　　　　　　　　わが社の社長の逝去を、謹んでお伝えいたします。

②　並び替えて文を作ってみましょう。（ただし最初の文字も小文字にしてあります。）

1) デュボワ氏の逝去の報を受け、大きな悲しみに包まれております。
　　(avec / c'est / de M. Dubois / la plus grande / le décès / nous avons appris / peine / que)

　　_____.

2) 娘さんの大学合格を知り、嬉しく思っています。
　　(à l'université de ta fille / avec / c'est / j'ai appris / joie / l'admission / une grande / que)

　　_____.

3)（体調不良を伝えてきた友人に）たいしたことないといいけど。ゆっくり休んでね。
　　(bien / ce n'est / j'espère / pas / que / repose-toi / très grave)

　　_____._____.

4) ついに免状が取れたことを報告できて嬉しく思います。
　　(enfin / j'ai / j'ai / le plaisir de / mon diplôme / obtenu / que / vous informer)

　　_____.

③　フランス語で書いてみましょう。

1) お悔やみ申し上げます。(＝あなたに弔意（condoléances）を示します)

　　_____.

2) あなたの昇進を知って、嬉しく思います。（une grande joie を使って）

　　_____.

3) たいへん悲痛な思いで、われわれはこの知らせを受け取りました。

　　　　　　　　　　　　（たいへんな悲痛 = beaucoup de peine）

　　_____.

Leçon 60　**Je vous prie de bien vouloir ~**
〜いただくよう
お願いします

キーセンテンス

1 Je vous prie de bien vouloir modifier le plan.
計画を変更いただけますようお願いします。

2 Puis-je me permettre de vous offrir un verre ?
一杯おごらせていただけませんか。

3 Veuillez laisser votre message après le bip.
発信音のあとでメッセージを残してください。

4 Auriez-vous la gentillesse de baisser la voix ?
声を落としていただけますでしょうか。

5 Auriez-vous la possibilité de me téléphoner ?
お電話いただくことは可能でしょうか。

---

1 je vous prie de bien vouloir ＋不定詞は、かしこまって依頼をする場合に使える表現です。こちらの要望を受け入れてもらえるよう、丁寧に伝えたいときに使います。

2 「あえて〜する」、「失礼を顧みず〜する」の se permettre de を使い、puis-je me permettre de ＋不定詞で、「〜しても構いませんか」「〜させていただけますか」と、丁寧に尋ねる表現が作れます。

3 vouloir の命令法の veuillez（tu に対しては veuille）を使うことで、丁寧に指示・命令することができます（→ Leçon18）。事務的なメールなどに使える表現で、「〜してください、よろしくお願いいたします」といったニュアンスで使用できます。

4 auriez-vous la gentillesse de ＋不定詞は、とても丁寧に頼むときの表現ですが、やや慇懃になりすぎるところもあります。la gentillesse の代わりに l'amabilité を使うこともできます。また条件法（auriez）を使わなくても、avoir la gentillesse, avoir l'amabilité あるいは avoir la bonté でも、適度に礼儀正しい書き方ができます。

❖ Je vous demande d'**avoir l'amabilité de** me présenter Monsieur Durand.
デュラン氏を私に紹介していただけませんでしょうか。

5 auriez-vous la possibilité de ＋不定詞は、丁寧に可能性を尋ねることができます。

1 基本パターンの単語を変えて、フランス語で書いてみましょう。

1) _____-je _____ _____ _____ vous _____ des questions ?

   質問させていただけますか。

2) _____ _____ ce formulaire.　この質問用紙に記入してください。

3) _____-vous la _____ _____ citer quelques _____ ?

   いくつか例を挙げていただくことは可能でしょうか。

2 並び替えて文を作ってみましょう。（ただし最初の文字も小文字にしてあります。）

1) 詳しくそれをご説明いただけますか。
   (auriez-vous / cela / de / en détail / la gentillesse / m'expliquer)

   _____ ?

2) 恐れ入りますが、音を下げていただけますか。
   (avoir / baisser / l'amabilité de / le son / veuillez)

   _____ .

3) ファイルを送ってくださいますよう、お願いいたします。
   (bien / je / le fichier / me faire / parvenir / prie de / vous / vouloir)

   _____ .

4) 21 時以降にピアノは弾かないでいただけますでしょうか。
   (après 21 heures / auriez-vous / de ne pas / du piano / la bonté / jouer)

   _____ .

3 フランス語で書いてみましょう。

1) できるだけ早い返信をお願いいたします。（vouloir の命令法を使って）

   _____ .

2) 別の日をご提案いただくことは叶いませんでしょうか。

   （la possibilité を使って　提案する = suggérer)

   _____ .

3) 追加の情報をお願いできますでしょうか。　（se permettre を使って）

   _____ .

15

知らせる

155

Chapitre 15 まとめ：知らせる

同僚のみなさま

　打ち合わせにあったように、会議が行われます。次の中から都合のいい日を選び、このメールにご返信ください：5 月 25 日、5 月 27 日、6 月 2 日。

　会議は午前中に行われ、2 時間を予定しております。まず先月のセミナーの報告書の説明がなされ、次にチームリーダーの渡辺より次回のセミナーの提案が行われます。

　よろしくお願いいたします。

こんにちは。入院したって聞いて驚いたよ。大したことないといいけど。早くよくなるよう願ってるね。

> 打ち合わせにあったように = comme convenu 　都合のいい = convenir を使う
> 次に挙げてあるもの = suivantes 　　　　　　予定している = il est prévu que 〜
> （時間、期間が）続く = durer ＋時間、期間 　驚いた → Leçon 23
> 入院する = hospitaliser

できるようになった項目にチェックを入れましょう。

☐ 書き出しを選べる → Leçon 57 　　　　☐ 追加の情報を挿入できる → Leçon 58

☐ 情報を並記できる → Leçon 58 　　　　☐ メールの結びが書ける → Leçon 57

☐ 丁寧にお願いできる → Leçon 60 　　　　☐ 病気・怪我を気遣える → Leçon 59

☐ 順を追って情報を並べられる
　　　　　　　　　　→ Leçon 58

置き換えて使える Vocabulaire

ライフステージ

入学	entrée 女
入学する	entrer dans (à) ～
入学式	cérémonie d'entrée 女
入試	concours d'entrée 男
卒業する	terminer ses études
資格、学位	diplôme 男
～から独立した	indépendant de ～
就職する	trouver un emploi
離職する	quitter son emploi
復職する	retourner à son poste
転職する	changer d'emploi
起業する	créer une entreprise
（定年）退職	retraite 女
老後、セカンドライフ	
	après la retraite
入院	hospitalisation 女
退院する	sortir de l'hôpital
結婚	mariage 男
妊娠している	enceinte
誕生（出産）	naissance 男
出産	accouchement 男
子供を育てる	élever son enfant
引っ越し	déménagement 男
引っ越しをする	déménager

郵便・伝達手段

郵便局	poste 女
小包	colis 男
封筒	enveloppe 女
速達	exprès 男
メール	mail 男 / e-mail 男
（正式に）電子メール	
	courrier électronique 男
メッセージ	message 男
携帯（電話）	(téléphone) portable 男
留守電	répondeur 男
発送する	expédier
配送	livraison 女
郵便配達人	facteur / factrice
投函する	poster
受信箱、郵便受け	boîte 女
封書、手紙	lettre 女

＊メールの書き出しは、多くは cher / chère ～や Monsieur / Madame ～などで対応できますが、文末の定型文は Leçon57 で挙げたもの以外にも、フォーマルなものや事務的な結びには、例えば sentiments を使った Veuillez agréer, Monsieur(Madame), mes sentiments distingués や Veuillez agréer l'expression de mes sentiments distingués などのバリエーションがあります。

お礼を言う

Leçon 61 **Merci pour** ~ / **Je vous remercie** ~　～ありがとう

> ### キーセンテンス
>
> **①** Merci pour ton mail.　　　　　　　　　　　　メールありがとう。
>
> **②** Je vous remercie de votre visite.　ご来場、ありがとうございました。
>
> **③** Merci une fois encore.　　　　　　　　　　改めて、ありがとう。
>
> **④** Merci d'avance.　　　　　　　　　　　　　先にお礼を言っておきます。
>
> **⑤** Je tiens à vous remercier pour tout.　ご尽力、御礼申し上げます。

① merci de / pour ＋名詞または不定詞で「～をありがとう」と示せます。相手がしてくれたことに対して使うため、名詞には所有形容詞、動詞は avoir / être ＋過去分詞が使われます。また、お礼を言う対象をあえて示したければ à ～で示すことができます。

　　❖ **Merci à toi** pour ta jolie carte.　　　　　　すてきなカードありがとう。

② 動詞 remercier de / pour でも、お礼を示せます。

③ merci や remercier には、encore や une fois encore「改めて」をつけたり形容詞や副詞で度合いを強めたりすることができます。よく使われるものに、grand や mille (merci は複数にします)、infiniment、de tout cœur「心から」などがあります。

　　❖ **Mille mercis** à toi pour ton aide.　　　　助けてくれて、すごく感謝してる。

　　❖ Je vous remercie **encore de tout cœur**.

　　　　　　　　　　　　　　　　　　　　　　心より、再度お礼を言わせてもらいます。

④ merci や remercier は d'avance や par avance「前もって」をつけて、依頼や要求をするときにも使います。なお、親しい相手にも事務的なことにも使用できます。

　　❖ Je vous **remercie d'avance** pour votre compréhension.

　　　　　　　　　　　　　　　　　　　ご理解いただけますよう、お願いいたします。

⑤ tenir à remercier は形式的なお礼の文で記すことができます。

1　基本パターンの単語を変えて、フランス語で書いてみましょう。

1) Je _____ _____ de ____'_____ envoyé un joli _____.

すてきなプレゼントを送ってくれて、ありがとう。

2) _____ _____ pour _____.

本当にいろいろと、言葉に尽くせず感謝しています。

3) _____ ____'_____ pour ton _____.　君が助けてくれることに、先に感謝します。

2　並び替えて文を作ってみましょう。（ただし最初の文字も小文字にしてあります。）

1) 土曜の夜は家に招待してくれて、ありがとう。
(chez vous / de / invité / m'avoir / merci / samedi soir)

_____.

2) あなたのご親切に、なんとお礼を言っていいかわかりません。
(comment / je ne / pour / remercier / sais / vous / votre gentillesse)

_____.

3) 君がしてくれたこと、すべてに心から感謝しています。
(de / infiniment / je / pour moi / te remercie / tout ce que / tu as fait)

_____.

4) あなたの申し出に、心より御礼申し上げます。
(cœur / de tout / nous / pour / remercier / tenons à / votre proposition)

_____.

3　フランス語で書いてみましょう。

1) みんな、会いにきてくれてありがとう。

_____.

2) 励ましの言葉、改めてありがとう。（励ましの言葉 = propos encourageants）

_____.

3) 今週末、ちょっと手伝ってもらえるかな？ あらかじめお礼を言っとくね。

_____.

16

返信する

Leçon 62　**Je suis d'accord**　　　　賛成

1 J'ai bien reçu votre message.　メッセージ、確かに受け取りました。

2 Je suis d'accord sur ton projet.　　　君の計画に賛成するよ。

3 Je te promets de ne plus conduire.
　　　　　　　　　　　　　　　もう車の運転はしないと約束するよ。

4 Votre réponse m'a bien rassuré.　あなたの返事に安心いたしました。

5 Je ne dis pas non.　　　　　　　　　　　よろこんで。

1　相手に受け取りましたと報告するには、j'ai bien reçu ～を使います。近接過去で je viens de recevoir ～もよく使える返信の書き出しです。

2　同意を示すには être d'accord を使います。人と同意見であるときは avec を、「～に同意する」の意味では sur + 名詞を、「～することに同意」には pour + 不定詞を使います。親しい間柄であれば OK pour ～でも同意を示せます。また c'est noté もよく使われる表現です。

- ❖ Je **suis d'accord pour** revenir demain.　明日また来るということで構いません。
- ❖ **OK pour** samedi.　　　　　　　　　　　　　　　　　土曜で OK。
- ❖ On se verra samedi. **C'est noté**.　　　　　　　　土曜に会う。了解。

3　promettre de + 不定詞／que + 直説法で、「～することを約束する」と伝えられます。また、何かを頼まれたときに、「やっておくよ」と言う場合、ce sera fait と返すこともできます。

4　rassurer は「安心させる」の意味で、目的語を me にすることで「～で安心した」と示すことができます。形容詞 rassuré を使って Je suis rassuré と言うこともできます。その場合、安心した理由を de + 不定詞で示すこともできます。

5　je ne dis pas non は直訳すると「non とは言わない」ですが、むしろ歓迎しているときに使います。似た表現の ce n'est pas de refus「断りません」も「大歓迎」を示します。両方とも親しい相手に使います。

基本パターンの単語を変えて、フランス語で書いてみましょう。

1) Tu veux un peu de café ? – Je _____ dis _____ _____.　コーヒーいる？－もらうよ。

2) J'ai _____ _____ ton _____ aujourd'hui.　荷物、今日、届いたよ。

3) Je _____ _____ _____ te _____ _____ une heure.
　　　　　　　　　　　　　　　　　　　　　　　　　　　　　　1時間後に合流するって約束するよ。

並び替えて文を作ってみましょう。（ただし最初の文字も小文字にしてあります。）

1) 君が元気だと知って、安心したよ。
(bien / en sachant / je / que / rassuré / suis / tu vas)

_____,_____.

2) われわれの計画を再検討することに賛成します。
(d'accord / je / notre plan / pour / reconsidérer / suis)

_____.

3) 君の同僚にもよろしく言っといて。－了解、言っておくよ。
(à / bonjour / ce / dis / fait / OK / sera / tes collègues)

_____. – _____. _____.

4) 確かにあなたの注文を承りました。心より御礼申し上げます。
(bien / nous avons / nous vous / reçu / remercions / sincèrement /
votre commande)

_____._____.

フランス語で書いてみましょう。

1) 君と同意見だよ。

_____.

2) 明日、斉藤さんにこの書類を渡して。－ OK、了解。（noter を使って）

_____.

3) 今夜、寿司を食べに行くのはどう？－いいねぇ。（～はどう？＝ si ＋ 半過去を使う）

_____.

Leçon 63 **Toutes mes félicitations** おめでとう

キーセンテンス

1 Toutes mes félicitations. ほんとうにおめでとう。

2 C'est moi qui te remercie d'être venu.
こちらこそ、来てくれてありがとう。

3 Grace à toi, j'ai passé une journée très agréable.
おかげで楽しい1日が過ごせたよ。

4 Pas de problème. 問題なし。

5 Désolé. Je n'ai pas bien compris. すみません、よくわかってません。

1 「おめでとう」は félicitations と複数形で使います。toutes mes をつけず、簡潔に伝えることもできます。相手を明示するときは à ～を加え、祝う内容は pour ～で示せます。また公の場では、動詞の féliciter も好まれます。より親しい間柄では bravo もよく使います。

❖ Je vous **félicite pour** votre mariage. 結婚、おめでとうございます。
❖ **Bravo à** toi. 君、やったね！

2 「こちらこそ」と言いたい場合は、強調構文のc'est moi qui ～を使うことで示せます。

3 「～のおかげで」は grâce à ～で示せます（→ Leçon42）。また「～がなければ」の sans ～と条件法を使っても表現できます。なお、日本語の「お元気ですか」「おかげさまで」のようなやりとりでは、こうした表現は使えません。

❖ **Sans** toi, je n'**aurais** jamais **compris** la vie japonaise. 君がいなかったら、
日本の生活を理解することはなかったでしょう＝君のおかげで、日本の生活が理解できました。

❖ Vous allez bien ? – Merci, je vais bien.
お元気ですか？－おかげさまで元気です。

4 「問題なし」は親しい間柄なら il n'y a pas de problème を省略して pas de problème で伝えられます。また強調して aucun problème「まったく問題なし」と言うこともできます。

5 よくわかっていない場合は、je n'ai pas bien compris と書いて、説明を求めましょう。

基本パターンの単語を変えて、フランス語で書いてみましょう。

1) Je n'＿＿ pas ＿＿＿＿＿ ＿＿＿＿＿＿ ＿＿＿ que vous m'＿＿＿＿＿ indiqué.

あなたが指示した内容を、よく理解できていません。

2) ＿＿＿＿＿＿ ＿＿＿ vous, je suis ＿＿＿＿＿＿ ＿＿＿ rédiger un compte rendu.

おかげさまで、報告書を作成できました。

3) ＿＿＿＿＿＿ mes ＿＿＿＿＿＿＿＿＿ ＿＿＿＿＿ ta ＿＿＿＿＿＿＿. 昇進、おめでとう。

並び替えて文を作ってみましょう。（ただし最初の文字も小文字にしてあります。）

1) 君の企画が採用されたと聞いたよ。成功、おめでとう。
(a été / adopté / d'apprendre que / félicitations / je viens / pour / ton projet /
ce succès)

＿＿＿＿＿＿＿＿＿＿＿＿＿＿＿＿＿＿＿＿.＿＿＿＿＿＿＿＿＿＿＿＿＿＿.

2) こちらこそ、君の的確な助言に感謝してる。
(c'est / moi / pour / précis / qui / te remercie / tes conseils)

＿＿＿＿＿＿＿＿＿＿＿＿＿＿＿＿＿＿＿＿＿＿＿＿＿＿.

3) 僕の車を使いたいの？ OK、全然問題ないよ。
(aucun / de / ma voiture / OK / problème / te servir / tu / veux)

＿＿＿＿＿＿＿＿＿＿＿＿＿＿＿＿？＿＿＿＿＿,＿＿＿＿＿＿＿＿＿＿.

4) 君のおかげで、われわれの旅行は楽しいものになったよ。
(été / n'aurait / notre voyage / pas / sans / si agréable / toi)

＿＿＿＿＿＿＿＿,＿＿＿＿＿＿＿＿＿＿＿＿＿＿＿＿＿＿.

フランス語で書いてみましょう。

1) みんな、よくやった。勝ったのはわれわれだ。(bravo を使って)

＿＿＿＿＿＿＿＿＿＿＿＿＿＿＿＿＿＿＿＿＿＿＿＿＿.

2) 心配しないで。問題ないよ。

＿＿＿＿＿＿＿＿＿＿＿＿＿＿＿＿＿＿＿＿＿＿＿＿＿.

3) すみません、でも何が問題なのかよくわかっていないのですが。

＿＿＿＿＿＿＿＿＿＿＿＿＿＿＿＿＿＿＿＿＿＿＿＿＿.

Leçon 64　**Excuse-moi**　　　　　　　　　すみません

キーセンテンス

1 Je suis désolé.　　　　　　　　　　　　ごめんなさい。

2 Excusez-moi pour le retard.　　　　　　遅れてすみません。

3 Je vous prie de m'excuser d'avoir oublié de répondre à votre courrier.　　あなたの手紙への返信を忘れ、申し訳ありません。

4 Je vais vérifier les mails précédents.
　　　　　　　　　　　　　　　　以前のメールを確認してみます。

5 Je suis très embêté de ne pas sortir avec vous.
　　　　　　　　　　　一緒に出かけられず、心苦しく思います。

1 　謝るときには désolé を使います。désolé のみでも使えますが、やや軽い感じになり、je suis désolé ではより丁寧になります。pour や de で謝罪の内容を示すこともできます。また vraiment や tellement, sincèrement を加えることで、より深い謝罪の意を示せます。

2 　「すみません」と軽い謝罪を示すときは、excusez-moi を使います。親しい間柄なら excuse-moi でも構いません。より丁寧でフォーマルな形に veuillez m'excuser があります。また「～についてお詫び申し上げます」という意味の je présente tous mes excuses pour ～という形も使えます。

3 　きわめて丁寧な謝罪には、je vous prie de m'excuser pour ～を使うことができます。de と m'excuser の間に bien vouloir や sincèrement を入れることでさらに丁寧になりますが、慇懃無礼にならないように、場合に応じた使い分けが必要です。

4 　資料などを調べて確認するときには vérifier を使います。ちなみに、事実の確認や確認の連絡をする場合は confirmer を使います。

　　❖ **Confirme**-moi l'heure du rendez-vous dès que tu l'as.
　　　　　　　　　　　　　　わかり次第、待ち合わせ時間を私に連絡して。

5 　je suis embêté de ～は、親しい間柄で心苦しい気持ちを伝えられます。

1 基本パターンの単語を変えて、フランス語で書いてみましょう。

1) _____-_____ _____ la réponse aussi _____.

（友人に対して）こんなに返事が遅くなって、ごめんなさい。

2) _____-vous _____ ____ vous avez bien reçu mes dossiers.

私の書類が受理されたか、ご確認いただけますか？

3) _____ ! J'ai _____ _____ notre rendez-vous.

ごめん、待ち合わせをすっかり忘れてた。

2 並び替えて文を作ってみましょう。（ただし最初の文字も小文字にしてあります。）

1) 本当にごめん。約束を来週に延期したいんだけど。
(à la semaine prochaine / désolé / je suis / je voudrais / mais / notre rendez-vous /
reporter / vraiment)

_____.

2) 娘さんを送っていってあげられなくて心苦しいけど、その日は東京にいなくて。
(accompagner / à Tokyo / ce jour-là / de ne pas pouvoir / je ne serai pas / je suis /
mais / ta fille / très embêtée)

_____.

3) 昨日の私の振る舞いを、心よりお詫びいたします。
(d'hier / de m'excuser / je / mes comportements / pour / prie / sincèrement / vous)

_____.

4) まず、今回のことをお詫びいたします。（今回のこと＝起きたこと）
(ce qui / d'abord / je présente / mes excuses / pour / s'est passé / tout / toutes)

_____, _____.

3 フランス語で書いてみましょう。

1) この度の私どもの予想外の変更をお許しください。（veuillez ～を使って）

_____.

2) ごめんなさい。今週はまったく空いてないです。

_____.

3) 会議の日にちの確認をしていなかったこと、お詫びいたします。

（Je vous prie de で始めて）

_____.

/ / / / / / / / / / / / / / / / /

メール、ありがとう。無事にフランス留学が決まったと知って安心したよ。おめでとう。
成功を祝って、土曜日、一緒に夕飯食べに行かない？

お礼を言うのはこっちだよ。君の助けがあったから試験に合格できたんだよ。
土曜日の件は OK。でも、日曜の会う約束、覚えてる？

ごめん、日曜の約束、すっかり忘れてた。スケジュール帳を確認したけど、たぶん書
き忘れてたみたい。日曜の約束、延期できる？

問題ないよ。じゃあ、土曜日に会おう。改めて、お祝いのメールありがとう。

> 留学が決まる＝留学が認められる (admettre を使う)
> ～と知って＝d'apprendre que ～　　　　　　覚えている＝se souvenir de ～

できるようになった項目にチェックを入れましょう。

□ お礼を言う → Leçon 61

□ 安心した、ほっとした → Leçon 62

□ お祝いの言葉をかける → Leçon 63

□「こちらこそ」と返答する → Leçon 63

□ 承諾する → Leçon 62

□ 謝る → Leçon 64

□ 確認する → Leçon 64

□「問題ない」と返答する → Leçon63

□ 改めてお礼をいう → Leçon61

置き換えて使える Vocabulaire

強調の副詞

とても〜	très
〜すぎる	trop
あまりに〜	tellement
非常に〜	énormément
限りなく〜	infiniment
心から〜	sincèrement
深く〜	profondément
本当に〜	vraiment
絶対に〜	absolument
著しく〜	considérablement
完全に〜	carrément
とても〜	bien
完璧に〜	parfaitement
まったく〜、結局〜	
	décidément
強く、大いに〜	fortement
たしかに〜	sûrement

接続詞

そして	et
あるいは	ou
しかし	mais
さて、ところが	or
それゆえ	donc
なぜなら、というのは	
	car
〜もない	ni *
〜のとき	quand
もし〜なら	si
〜なので	comme

お祝い・祝日

元旦	jour d'an 男
復活祭	Pâques 女
メーデー	Fête du Travail 女
戦勝記念日	
	Victoire du 8 mai 1945 女
昇天祭	Ascension 女
聖霊降臨祭	Pentecôte 女
革命記念日	Fête nationale 女
聖母被昇天祭	Assomption 女
諸聖人の祝日／万節祭	
	Toussaint 女
休戦記念日	Armistice 1918 男
クリスマス	Noël 男

---

* ni も接続詞の一種ですが、やや特別な使い方をします。ne とセットで ne 〜 ni ... ni ... の
　形で使い、二つ以上のものを同時に否定します。
　　❖ Ce matin, je n'ai pris ni café ni thé. 今朝はコーヒーも紅茶も飲まなかった。
　　❖ Ni mon père ni mon frère ne cuisinent. 父も兄も料理をしない。

＊形容詞や過去分詞の性数一致に関して、本書では特に指定がない限り、原則的に男性形のみを記してあります。

Leçon 1 ① 1) <u>Je</u> <u>suis</u> <u>française</u>.　2) <u>Je</u> <u>suis</u> <u>employée</u>.
　　3) <u>Je</u> <u>suis</u> <u>fonctionnaire</u>.　4) <u>Je</u> <u>ne</u> <u>suis</u> <u>pas</u> <u>lycéenne</u>.

② 1) On me dit souvent que je suis optimiste.　2) Mais en fait, je suis un peu timide.
　3) Je suis japonaise, mais je viens de Londres.

③ 1) Je suis japonais. Je suis de Kyoto.　2) J'ai vingt ans.
　3) Je ne suis pas étudiant. Je suis employé.
　4) Je suis plutôt optimiste et on me dit souvent que je suis gai.

Leçon 2 ① 1) <u>J'aime</u> <u>la</u> <u>danse</u>.　2) <u>Je</u> <u>n'aime</u> <u>pas</u> <u>les</u> <u>chiens</u>.
　　3) <u>J'aime</u> <u>cuisiner</u>.　4) <u>J'aime</u> <u>beaucoup</u> <u>les</u> <u>comédies</u> <u>musicales</u>.

② 1) J'aime le chocolat mais je n'aime pas trop le fromage.
　2) J'aime bien me promener dans le parc.　3) Je préfère les chiens aux chats.

③ 1) Je déteste la musique classique. Je préfère la (musique) pop.
　2) J'aime beaucoup bavarder avec des amis dans un café.
　3) Je n'aime pas beaucoup l'art contemporain.
　4) J'aimerais travailler dans un pays étranger.
　＊ 4) dans un pays étranger の代わりに à l'étranger も可。

Leçon 3 ① 1) <u>Je</u> <u>parle</u> <u>chinois</u>.　2) <u>J'habite</u> <u>à</u> <u>Paris</u>.
　　3) <u>J'habite</u> <u>près</u> <u>de</u> la <u>gare</u> de Yokohama.　4) <u>J'ai</u> <u>habité</u> <u>à</u> Kyoto.
　＊ 4) habité の代わりに vécu も可。

② 1) Je parle le français, l'anglais et le coréen.
　2) J'habite en face de chez mes beaux-parents.　3) J'habite ici depuis trois ans.

③ 1) J'habite seul. / Je vis seul.
　2) J'ai habité en France (pendant) un an.
　3) Je ne parle pas anglais mais je parle un peu français.
　＊ 1)「ひとり住まい」であれば habiter、「ひとり暮らし」であれば vivre を使うと近いニュアンスが出せます。　2) pendant は次に時間を示す語がくるときは省略可能です。

Leçon 4 ① 1) <u>Je</u> <u>fais</u> <u>du</u> <u>football</u>. / <u>Je</u> <u>joue</u> <u>au</u> <u>football</u>.
　　2) Je <u>fais</u> <u>la</u> <u>cuisine</u> cinq <u>fois</u> <u>par</u> <u>semaine</u>.　3) Je <u>fais</u> <u>du</u> <u>surf</u> <u>en</u> <u>été</u>.
　　4) <u>Autrefois</u>, je <u>faisais</u> <u>souvent</u> <u>du</u> shopping.
　＊ 1) football は口語であれば foot も可。faire 以外にも jouer à を使うこともできます。
　2) 解答欄の数に合わせなければ、faire を使わず Je cuisine ～と書くこともできます。

② 1) J'aime faire du shopping.　2) Je fais du camping en famille chaque été.
　3) Quand j'étais lycéen, je faisais de la natation.

③ 1) Je fais rarement du sport.
　2) Au printemps, je voyage parfois avec des amis.
　3) Autrefois, je faisais du piano tous les jours, mais maintenant j'aime jouer de la flûte.

*「スポーツをする」や「楽器を演奏する」は faire 以外に jouer を使うこともできます。スポーツには jouer à 〜、楽器には jouer de 〜 を使います。

Bonjour. Je m'appelle Yuriko. J'ai 18 ans et je suis étudiante.
Je suis de Kyoto. Autrefois, j'habitais à Yokohama mais maintenant j'habite à Tokyo.
On me dit souvent que je suis active mais en fait je suis timide.
J'aime la mode et le shopping mais j'aime aussi le sport.
Quand j'étais lycéenne*, je faisais du tennis** avec des amis cinq fois par semaine.
Je parle un peu français mais j'aimerais le*** parler mieux.

　* Quand j'étais lycéenne は Quand j'étais au lycée とすることもできます。

　** je faisais du tennis は je jouais au tennis や je pratiquais le tennis も可。

　*** J'aimerais le parler mieux の le は代名詞で、ここではフランス語（le français）のことを指しています。代名詞を使わず j'aimerais parler mieux français とすることもできます。

Leçon 5 ① 1) J'ai deux sœurs.　2) Je n'ai pas d'oncle.
　　3) J'ai des grands-parents très gentils à Nice.
　　4) J'ai un ami qui parle bien anglais.
② 1) J'ai trois chiens chez moi.　2) Je n'ai ni frère ni sœur. Je suis fille unique.
　　3) J'ai une amie qui aime beaucoup les films français.
　　4) J'ai un oncle qui travaille dans une société française.
③ 1) J'ai un chien blanc intelligent et très fidèle.
　　2) J'ai un grand-père qui a 100 ans. / J'ai un grand-père de 100 ans.
　　3) J'ai des amis qui vont au ski chaque année.
　＊ 3) des amis qui vont 〜は、un ami qui va でも可。「毎年」は tous les ans でも可。

Leçon 6 ① 1) C'est une amie de ma sœur.　2) Ce n'est pas mon frère.
　　3) Elle est une de mes amies à Paris.　4) J'ai un ami dont la mère est écrivain.
② 1) Voilà une photo de mes amies de collège.
　　2) C'est à qui ? – C'est à moi.　3) Un de mes frères habite à Tokyo.
　　4) J'ai une amie dont la mère travaille dans un grand magasin.
③ 1) Mon copain est un ami de lycée de ma sœur.
　　2) Elle est une de mes meilleurs amis depuis mon enfance.
　　3) C'est mon oncle, le frère de mon père.
　＊ 1) Mon copain は Mon petit ami も可。

Leçon 7 ① 1) Mon frère est professeur de piano.　2) Il est très gentil.
　　3) Mon père a eu 60 ans le mois dernier.　4) Il a les yeux noirs et très grands.
　＊ 4) 一般的に名詞の前に置く grand のような形容詞も、後置される形容詞と et でつなぐ場合は後に置きます。
② 1) Ma grand-mère aura 80 ans cette année. Elle est très charmante.

2) Mon frère est devenu ingénieur en avril.

3) J'ai un frère qui a un an de plus que toi.

❸ 1) Ma mère est professeur de français et ma sœur est professeur de mathématiques.

2) Mes nièces sont jumelles et elles ont eu trois ans le mois dernier.

3) Elles ont toutes les deux les cheveux noirs.

4) Ma cousine a cinq ans de moins que moi.

Leçon 8 ❶ 1) <u>Je</u> <u>lui</u> <u>ai</u> <u>téléphoné</u>.   2) <u>J'ai</u> <u>parlé</u> avec <u>elle</u> <u>une</u> bonne <u>heure</u>.

3) <u>Je</u> <u>ne</u> <u>l'ai</u> <u>pas</u> <u>vue</u> <u>depuis</u> les vacances d'été.

＊1) 電話をかけるは appeler 〜を使って Je l'ai appelée とすることもできます。こちらは直接目的語になっている点も気をつけてください。また、この場合直接目的語の l' が女性なので、過去分詞は目的語に性数一致させます。　2)「〜の間ずっと」の意味の pendant は、時間の前に置くときは省略することができます。またここでは、bon (bonne) を使って「1時間も」の「も」のニュアンスを出しています。

❷ 1) Mon père et moi avons visité Madrid l'année dernière.

2) J'ai une sœur avec qui je sortais souvent quand j'étais petite.

3) Je ne sors pas souvent avec elle maintenant, mais je l'aime beaucoup.

❸ 1) J'ai un ami avec qui je voyage beaucoup.

2) Elle et moi sommes amis d'enfance.

3) Je lui ai proposé un plan de notre prochain voyage.

＊1) beaucoup は souvent でも可。　2) 私 (moi) も女性なら amies になります。 d'enfance = depuis l'enfance

---

Chapitre 2 まとめ

Mon père est professeur d'anglais et ma mère est journaliste.

J'ai aussi un frère qui a trois ans de plus que moi.

Voilà une photo de mes amies de lycée.

Elle est une de mes meilleures amies depuis l'école primaire et elle habite maintenant à Paris.

Je lui envoie souvent des mails.

Quand elle était au Japon, je sortais beaucoup* avec elle. Je pense** aller la voir en France pendant les vacances d'été.

Elle a des amis français qui aiment le Japon.

J'aimerais parler en français avec eux.

＊　beaucoup の代わりに souvent も可。

＊＊　pense aller の代わりに prévois d'aller も可。

Chapitre 3

Leçon 9 ❶ 1) <u>Je</u> <u>veux</u> <u>du</u> café.   2) <u>Je</u> <u>veux</u> <u>rester</u> <u>en</u> France.

3) <u>Je</u> <u>veux</u> <u>qu'elle</u> <u>chante</u>.   4) <u>J'aurais</u> <u>voulu</u> <u>visiter</u> le château de Versailles.

② 1) Je voudrais suivre la visite guidée du théâtre de l'Opéra.

    2) J'aurais voulu être violoniste.   3) Je veux que tout le monde soit heureux.

③ 1) Je veux travailler en France un jour.   2) Je n'aurais pas voulu lui mentir.

    3) Je veux que mon chien vive longtemps.

   ＊ 1) un jour と en France の順は逆でも可。

Leçon 10 ① 1) <u>Je n'aime pas faire</u> ces exercices.   2) <u>Que désirez</u>-vous ?

    3) <u>J'aimerais que</u> vous me <u>compreniez</u>.

   ＊ 2) Que cherchez-vous なども可。

② 1) J'aimerais avoir un chat mais je suis allergique.

    2) Je désire le nouveau directeur sympathique.

    3) J'aimerais vérifier notre rendez-vous.

    4) J'aimerais que vous réfléchissiez bien à ce projet.

③ 1) J'aimerais aller à Kamakura la semaine prochaine.

    2) J'aimerais que tu rentres un peu plus tôt.

    3) J'aimerais vous poser une question.

   ＊ 2) Je désire que ～も可。また rentres は reviennes でも可。

Leçon 11 ① 1) <u>Je vous souhaite</u> un bon <u>voyage</u>.   2) <u>J'espère trouver</u> un bon cadeau.

    3) Mes parents <u>espèrent que</u> je <u>deviendrai</u> médecin.

   ＊ 3) espèrent の代わりに veulent を使うこともできます。その場合 je deviendrai は je deviendrai は je devienne になります。

② 1) Je souhaite partir tout de suite.   2) J'espère que tout ira bien.

    3) Je lui souhaite de rentrer bientôt.

    4) Je te souhaite une bonne et heureuse année.

③ 1) Je n'ai pas mon téléphone portable. J'espère l'avoir laissé dans ma chambre.

    2) J'espère que vous assisterez à la réunion de demain.

    3) Je souhaite que ton exposé de séminaire se passe bien.

   ＊ 1) l'avoir laissé の l' は téléphone portable を指しています。

Leçon 12 ① 1) <u>Je pense rentrer</u> chez mes parents.

    2) Je <u>n'ai</u> pas <u>l'intention de changer</u> mes projets.

    3) <u>Je prévois</u> de <u>passer</u> mes vacances dans le Midi.

   ＊ 1) pense の代わりに compte も可。

② 1) Qu'est-ce que tu comptes faire cet après-midi ?

    2) Désolé, je n'avais pas l'intention de te déranger.

    3) J'ai prévu de partir samedi de bon matin.

    4) Je me propose de passer cinq ans à Paris.

③ 1) Je prévois d'aller faire du shopping à Yokohama avec des amis ce week-end.

    2) Je pense me reposer à la maison cet après-midi.

    3) Je n'avais pas l'intention d'acheter ce livre.

   ＊ 1) prévois d'aller は pense aller や compte aller でも可。

解答

Je prévois de rentrer chez mes parents à Chiba pour le nouvel an.

J'aurais voulu réserver* un billet d'avion mais il n'y avait plus de place.

J'ai l'intention d'acheter un billet de train demain.

Si ma sœur est aussi de retour, nous pensons aller ensemble à Disneyland.

Je veux voir Winnie l'ourson.

Comme ma sœur travaille à Hokkaido, j'espère qu'elle peut prendre des congés.

Et toi ? Tu rentres chez tes parents ?

En tout cas, je souhaite que tu profites bien de tes vacances d'hiver.

   * J'ai voulu réserver 〜も可。

Chapitre 4

Leçon 13 ❶   1) J'ai déjà vu ce film.   2) J'ai parlé à sa sœur deux fois.

    3) Je n'ai pas encore envoyé le document.

❷   1) Je ne suis jamais allé à l'aquarium.   2) Je viens juste d'arriver.

    3) Je n'ai mangé des escargots qu'une seule fois.

    4) J'ai déjà vu *Mon voisin Totoro* plus de dix fois.

❸   1) Je n'ai joué au tennis que trois fois depuis le lycée.

    2) Je viens de laisser un message sur votre répondeur.   3) J'ai eu un prix.

   * 3) eu の代わりに remporté も可。

Leçon 14 ❶   1) Je n'aimais pas l'anglais au collège.

    2) Est-ce que tu t'es bien amusé à Kamakura ?

    3) J'allais à la bibliothèque deux fois par semaine.

❷   1) J'ai passé trois ans à attendre sa réponse.

    2) Je me suis vraiment bien amusé à la fête d'hier.

    3) Mon père buvait du vin presque tous les soirs.

    4) Je pensais justement à elle quand mon portable a sonné.

   * 4) quand は「〜の最中」の意味で使われるときは、半過去との相性がよくありません。

そのため Quand je pensais justement à elle, mon portable a sonné は不自然な形になります。

❸   1) Quand j'étais lycéen, je ne m'entendais pas bien avec mon père.

    2) Nous nous sommes rencontrés à l'université. Nous avions 20 ans.

    3) Je pensais aller à Paris.

Leçon 15 ❶   1) Ça fait deux ans que j'apprends le français.

    2) Ça fait un an que je ne suis pas allé à la librairie.

    3) J'ai acheté les tickets il y a deux semaines.

❷   1) Ça fait longtemps qu'on ne s'est pas vu.

    2) Je suis de retour dans ma ville natale depuis une semaine.

    3) J'ai eu un bébé il y a deux ans.

    4) Une semaine plus tard, ma sœur a eu un bébé.

❸ 1) Ça fait dix ans que je ne suis pas retourné au Japon.

    2) Je l'ai vu la semaine dernière. Deux jours plus tard, il a disparu.

    3) J'ai déménagé dans cette ville il y a cinq ans.

  ＊ 2) Deux jours après も可。　　3) Il y a cinq ans que je vis dans cette ville や Je vis dans cette ville depuis cinq ans とも言えます。

Leçon 16 **❶** 1) J'<u>aurais</u> <u>dû</u> vous <u>informer</u> de mon arrivée.

    2) Tu <u>n'as</u> <u>pas</u> <u>honte</u> d'<u>avoir</u> <u>volé</u> mon idée ?

    3) Je <u>n'aurais</u> <u>pas</u> <u>dû</u> <u>arrêter</u> mes études.

❷ 1) Je n'aurais pas dû manger autant.　　2) J'ai failli pleurer, mais je me suis retenu.

    3) Tu aurais pu m'en prévenir.　　4) J'aurais dû l'inviter à la fête.

❸ 1) Tu aurais pu noter ses coordonnées.　　2) J'aurais dû être plus calme.

    3) Nous aurions pu continuer notre discussion.

Chapitre 4 まとめ

Quand j'étais lycéen, j'aimais la musique et j'ai formé un groupe de rock.

Nous allions souvent à des concerts.

Quand nous nous sommes séparés, nous avions trente ans.

Une fois, nous avons même eu un prix. Nous aurions pu continuer.

Maintenant je suis salarié. Ça fait dix ans que nous ne nous sommes pas vus.

Mais il y a deux semaines, j'ai reçu un mail d'un de mes vieux camarades du groupe.

Et trois jours après, je lui ai répondu. Alors, je le verrai la semaine prochaine.

解答

Chapitre 5

Leçon 17 **❶** 1) <u>Pouvez</u>-<u>vous</u> m'<u>attendre</u> un peu ?　　2) <u>Tu</u> <u>peux</u> <u>me</u> <u>passer</u> le sucre ?

    3) <u>Tu</u> <u>pourrais</u> t'<u>occuper</u> de nos enfants ?

❷ 1) Tu peux aller chercher ton père à la gare ?

    2) Pourriez-vous m'envoyer le fichier au format PDF ?

    3) Vous pouvez me donner sa nouvelle adresse de mail, par hasard ?

    4) Pourriez-vous avoir la gentillesse de me présenter M. Dolan ?

❸ 1) Peux-tu réserver un restaurant ?

    2) Pourriez-vous me donner un coup de main ?

    3) Pouvez-vous ouvrir le troisième fichier ?

  ＊ 1) un restaurant を「レストランの席を予約する」の意味で une table dans un restaurant とすることもできます。

Leçon 18 **❶** 1) <u>Voulez</u>-<u>vous</u> m'<u>appeler</u> ce soir ?　　2) <u>Voudriez</u>-<u>vous</u> m'<u>accompagner</u> ?

    3) <u>Veuillez</u> <u>lui</u> dire <u>bonjour</u> à ma place.

❷ 1) Voulez-vous bien me prêter ce stylo ?

    2) Veuillez me dire quand vous êtes disponible.

    3) Je vous prie de bien vouloir participer à la prochaine réunion.

4) Veuillez agréer l'expression de mes sentiments distingués.

❸ 1) Voulez-vous m'envoyer des échantillons ?

2) Veuillez me contacter avant dimanche.

3) Veuillez nous donner votre avis sincère.

 * 1) Voulez-vous は Pouvez-vous や Pourriez-vous などにも置き換え可。

Leçon 19 **❶** 1) Je peux goûter ?   2) Je peux te demander quelques retouches ?

3) Je peux te demander d'ouvrir la fenêtre ?

❷ 1) Puis-je te demander quelque chose ?

2) Est-ce que je peux te demander de me présenter tes collègues ?

3) Puis-je vous demander de me laisser choisir ?

4) Je peux te demander de m'aider à traduire ces documents ?

❸ 1) Puis-je essayer ces chaussures ?   2) Je peux te demander de vérifier ce calcul ?

3) Puis-je te demander un service ?

Leçon 20 **❶** 1) Apportez du café aux invités.   2) Dis-moi où tu veux aller.

3) Tu me montreras le résultat de l'examen d'hier.

❷ 1) N'hésitez pas à me dire ce que vous voulez.

2) Permettez-moi de vous proposer un plan.

3) Dis-moi si tu es d'accord pour annuler le voyage.

4) Puis-je me permettre de vous rendre visite ?

❸ 1) Si tu n'es pas disponible, n'hésite pas à annuler.

2) Je me permets d'ajouter un mot.   3) Aide-moi un peu.

 * 1) Si tu n'es pas disponible は Si cela ne te convient pas でも可。

Chapitre 5 まとめ

Salut, tu vas bien ? Est-ce que je peux te demander un service ? J'ai absolument besoin de photos du théâtre de l'Opéra, pourrais-tu y aller et en* prendre à ma place ? Mais si ce n'est pas possible, n'hésite pas à me dire non**.

 * en は中性代名詞で des photos を示しています。

 ** n'hésite pas à refuser とすることも可能です。こちらはより直接的に「断る」のニュアンスが強くなります。

Je vous remercie pour les documents. Je me permets de vous poser une question : vous indiquez que la date de la réunion est le 12 mais pouvez-vous vérifier si ce n'est pas le 11 ? Merci de me répondre avant vendredi.

Chapitre 6

Leçon 21 **❶** 1) Je suis heureux de votre visite.

2) Je suis heureux d'avoir trouvé un boulot.   3) Je suis content qu'il fasse beau.

❷ 1) Je suis très contente d'apprendre que tu vas venir à Tokyo.

2) Je suis très heureuse qu'ils aient été sélectionnés pour l'équipe nationale.

3) Je serais heureux si vous pouviez me dire ce qui s'est passé.

4) Je suis ravi de ton cadeau.

3 1) Je suis très heureux de partir en voyage d'affaires à Paris.

2) Je suis content d'avoir réussi à l'examen.

3) Je vous serais reconnaissant de bien vouloir me faire part de votre plan.

* 1) partir は aller でも可。

Leçon 22 1 1) Je <u>suis</u> <u>impatient</u> <u>de</u> <u>voyager</u> avec ma famille.

2) J'<u>attends</u> avec <u>plaisir</u> ton arrivée.

3) J'ai <u>hâte</u> <u>d'aller</u> <u>chez</u> mes grands-parents.

* 2) plaisir の代わりに impatience も可。

2 1) Je suis impatient de lire son dernier roman.   2) J'ai hâte d'être en vacances.

3) Au plaisir de continuer à travailler avec vous.

4) Je me fais un plaisir d'échanger des idées avec vous.

3 1) Je suis impatient d'aller en France.

2) Le concert est encore reporté. Je brûle d'impatience.

3) J'aurai le plaisir de vous revoir bientôt.

* 1) J'ai hâte de ～も可。   3)「会ったときに嬉しくなる」という意味で単純未来形の aurai を使っています。

Leçon 23 1 1) J'<u>ai</u> <u>été</u> <u>étonné</u> par <u>son</u> <u>attitude</u>.

2) Je <u>suis</u> <u>étonné</u> <u>qu'il</u> <u>y</u> <u>ait</u> beaucoup de monde.

3) <u>Ça</u> m'<u>étonne</u> <u>que</u> son nom <u>ne</u> <u>soit</u> <u>pas</u> dans la liste.

2 1) Je me suis étonné que mon père soit rentré aussi tôt.

2) J'ai été stupéfait de la voir si changée.

3) Il a assisté à la réunion ? Ça m'étonnerait.

4) Je n'en reviens pas. Il a encore quitté son travail.

3 1) Il a promis qu'il ne sera plus jamais en retard ? Ça m'étonnerait.

2) Je suis étonné d'apprendre que mon frère ait commencé à apprendre le français.

3) Ça m'épate qu'il ait cuisiné.

Leçon 24 1 1) Je <u>suis</u> <u>déçu</u> <u>qu'il</u> ne <u>soit</u> pas dans notre équipe.

2) Je <u>suis</u> un <u>peu</u> <u>déçu</u> par <u>lui</u>.

3) C'est <u>dommage</u> <u>que</u> le match <u>ait</u> été annulé.

2 1) Je regrette vraiment de n'avoir pas pu être parmi vous.

2) J'ai quitté Paris avec regret.

3) C'est dommage de ne pas profiter de cette occasion.

4) Je suis très choquée de ne pas avoir été invitée.

3 1) J'ai été vraiment déçu d'autant plus que c'était un match très important.

2) Je regrette de ne pas pouvoir rester longtemps.

3) C'est tellement dommage qu'on ne puisse pas sortir cet après-midi.

J'ai été surpris par votre mariage. De plus, je suis très heureux que vous veniez à Tokyo pour votre voyage de noces. L'année dernière, j'ai été étonné d'apprendre que vous vous étiez disputés, mais je savais que vous vous seriez réconciliés. Vous auriez dû me le dire plus tôt. J'ai hâte de vous revoir tous les deux. Je serais ravi si nous pouvions aller prendre un pot ensemble.

J'ai bien reçu votre mail et je suis très heureux d'avoir été invité à la fête pour célébrer le succès du projet. Mais ce jour-là, je serai à Nagoya pour le voyage d'affaires. D'autant plus que je me faisais un plaisir de revoir votre équipe, j'ai vraiment le regret de décliner votre invitation.

Chapitre 7

Leçon 25 ❶ 1) J'ai peur des chiens.　2) J'ai du mal avec mes collègues.
　　　3) Ça te fait peur d'aller aux toilettes seul ?

❷ 1) J'ai peur de conduire dans un pays étranger.　2) Ne me fais pas peur.
　3) Au lycée, je n'étais pas bon en mathématiques.
　4) En apprenant cette nouvelle, j'ai été pris de peur.

❸ 1) Qu'est-ce qui te fait peur ?
　2) Quand j'étais petit, j'avais peur du tonnerre.
　3) Comme je conduis mal, j'y vais en train.

＊ 1) De quoi as-tu peur も可。　3) 問題文には「どこ」と場所が明確に示されていませんが、通常はどこか行く場所が想定されているはずなので、「そこに」行くという意味で中性代名詞の y を入れています。

Leçon 26 ❶ 1) Je crains que mon ordinateur ne tombe en panne.
　　　2) L'état de santé de mon grand-père m'inquiète.
　　　3) Je me fais du souci pour l'avenir de mon frère.

❷ 1) Hier soir, j'avais peur de rater le dernier train.
　2) Pourquoi t'inquiètes-tu de son retard ?
　3) Son sourire ironique m'a angoissé.
　4) Je suis inquiet que mon père ne soit malade.

❸ 1) C'est ennuyeux s'il pleut.　2) T'inquiète. Tout ira bien.
　3) Tu lui as prêté cent euros ? J'en ai peur.

＊ 2) Ne t'inquiète pas でも可。　3)「それが心配」の「それ」は、avoir peur de の de を含んだ中性代名詞 en を使います。

Leçon 27 ❶ 1) Je suis jaloux du succès de ma sœur.
　　　2) Je l'envie d'avoir un smartphone.
　　　3) Je lui envie son courage.

❷ 1) Je l'envie d'avoir un bon patron.　2) On vous envie votre compétence.

    3) Je suis tellement jaloux que tes parents t'aient donné une voiture.

    4) Je suis jalouse que tu aies eu la chance de le rencontrer.

3 1) Tu as gagné un ordinateur ? Quelle chance !

    2) Il est toujours envieux des autres.

    3) Tu as réussi à acheter le DVD en édition limitée ? Quelle chance !

  * 3) Quelle chance は Je suis jaloux も可。

Leçon 28 **1** 1) Mon <u>voisin</u> <u>m'énerve</u> toujours.   2) C'est une vraie <u>plaie</u>, <u>ce</u> type.

    3) Est-ce que <u>ça</u> te <u>gène</u> ?

2 1) Je suis bien embarrassée, j'ai perdu mon ticket.

    2) J'ai des problèmes de connexion internet.

    3) Je me sentais mal à l'aise avec eux.   4) J'en ai marre de vivre comme ça.

3 1) Je suis désolé de t'embêter.   2) Je suis mal à l'aise avec mon patron.

    3) Quel boulet, ton père.

  * 2) Je suis mal à l'aise は Je me sens mal à l'aise でも可。mal を使わず否定文にして Je ne me sens pas à l'aise avec mon patron とすることもできます。   3) Quelle plaie でも可。

Chapitre 7 まとめ

J'ai entendu dire que tu avais eu un chien. Quelle chance ! Nous ne pouvons pas en avoir, car notre fille a peur des animaux. Je m'inquiète un peu de sa timidité. Ce serait amusant si on faisait du camping avec un chien. Au fait, mon beau-père m'a encore demandé de lui prêter ma voiture et ça m'embête un peu. Comme il conduit mal, j'ai peur qu'un jour il l'endommage. La semaine prochaine j'irai chez mes beaux-parents mais je suis toujours mal à l'aise avec eux.

Ne t'inquiète pas pour ta fille. J'avais aussi peur des chiens quand j'étais petit. Mais quel boulet, ton beau-père.

Chapitre 8

Leçon 29 **1** 1) <u>Si</u> on <u>se</u> <u>rejoignait</u> à la <u>gare</u> ?

    2) Vous <u>ne</u> <u>voulez</u> pas venir <u>chez</u> moi ?

    3) <u>Ça</u> vous <u>dirait</u> une <u>pizza</u> et <u>du</u> coca ce soir ?

2 1) Ça te dirait pas d'aller boire un pot ?

    2) Qu'est-ce que tu dirais de commencer le piano ?

    3) Ce soir, je prépare un plat français. Qu'est-ce que tu en penses ?

    4) Si vous preniez un taxi pour arriver à l'heure ?

3 1) Je pense fêter l'anniversaire de Jacques la semaine prochaine. Qu'est-ce que tu en penses ?

    2) Ça ne t'intéresse pas de faire du yoga ?

    3) Qu'est-ce que tu dirais de reporter notre rendez-vous ?

解答

Leçon 30 ❶　1) Est-ce que <u>tu</u> <u>es</u> <u>disponible</u> <u>dimanche</u> ?

2) <u>Il</u> <u>faut</u> que tu <u>lises</u> ce <u>roman</u>.

3) Je te <u>propose</u> <u>d'accepter</u> sa <u>demande</u>.

❷　1) Je compte organiser une fête.

2) C'est dommage, je suis déjà pris cet après-midi.

3) Je te propose d'arrêter de nous disputer.

4) Je veux bien venir avec vous mais malheureusement je ne suis pas libre.

❸　1) Je te propose de t'accompagner jusqu'à la gare.

2) Tu t'intéresses au jazz ? Alors, il faut aller à (dans) ce club.

3) Demain on a une réunion ? Désolé, je suis déjà pris.

Leçon 31 ❶　1) Peux-<u>tu</u> <u>fixer</u> le <u>lieu</u> et <u>l'heure</u> de <u>rendez-vous</u> ?

2) Je <u>t'attends</u> <u>sur</u> <u>place</u>.

3) Nous <u>nous</u> <u>verrons</u> <u>dans</u> la <u>bibliothèque</u>.

＊ 3) verrons は retrouverons や rejoindrons も可。

❷　1) Tu cherches un supermarché ? Il est à environ cinquante mètres d'ici.

2) Retrouvons-nous sous le grand écran à Shinjuku.

3) Si on se retrouvait sur le quai de la gare ?

4) Tu connais la librairie devant l'université ?　On se rejoint là-bas.

❸　1) Je travaille dans un restaurant en face de la Mairie.

2) Prenez la rue entre la crêperie et la boucherie.

3) Je suis dans le café à droite de la boulangerie.

Leçon 32 ❶　1) Tu peux <u>venir</u> <u>chez</u> moi <u>vers</u> <u>trois</u> heures ?

2) Je <u>voudrais</u> <u>réserver</u> une chambre pour <u>le</u> 3 <u>mai</u>.

3) Il <u>faut</u> terminer ce travail <u>avant</u> <u>mercredi</u>.

❷　1) Ce ticket est valable à partir d'après-demain.

2) Je vous attendrai jusqu'à vingt-trois heures pile.

3) Ce magasin est ouvert de huit heures du matin à neuf heures du soir.

4) Tu peux utiliser cette carte dès demain.

❸　1) Le jeudi 10 février. Aujourd'hui, j'ai passé une journée épuisante.

2) Cette autoroute est bloquée jusqu'à la semaine prochaine.

3) Appelez-moi après dix-sept heures.

Chapitre 8 まとめ

J'organise un voyage pour faire du snowboard pendant les vacances d'hiver. Qu'est-ce que tu en penses ?　Tu m'as dit que tu avais acheté* une nouvelle planche, n'est-ce pas ?　Alors il faut que tu viennes avec nous. Si on voyageait du 27 décembre au 3 janvier ?　Donne-moi une réponse avant le week-end, si c'est possible.

　＊言った時 (as dit) よりも前に買っているので、大過去 (avais acheté) を使っています。

Merci pour ton mail. Malheureusement, je suis déjà pris le 3 janvier. Mais je peux venir avec vous jusqu'au 2. Pour discuter du plan, on se verra au* Café Hugo mercredi vers trois heures.

   * dans le Café Hugo も可。

OK. Je suis disponible mercredi. Alors, on s'y rejoindra.

Chapitre 9

Leçon 33 ❶   1) Une réunion <u>aura</u> lieu en <u>début</u> d'après-midi.

    2) Je <u>prévois</u> de rentrer <u>avant</u> minuit.   3) Tiens, on <u>va</u> <u>arriver</u>.

  * 1) avoir lieu ＝行う

❷   1) Je commence ce projet l'année prochaine.

    2) On a le projet de créer un site internet pour ce spectacle.

    3) S'il est mis à la porte, je démissionnerai de ce poste.

    4) Comme prévu, les affaires reprendront dès la semaine prochaine.

  * 3) mettre à la porte ＝クビにする

❸   1) Mon frère viendra me voir dans quinze jours.

    2) J'ai fini ce travail et je vais maintenant commencer un autre travail.

    3) J'ai le projet d'ouvrir une boulangerie en face de la gare.

  * 2) commencer の代わりに se mettre à を使って je vais maintenant me mettre à ～も可。

  3) 駅の真正面という意味で en face de を使っています。「前」という意味で devant や「駅の近く」という意味で près de を使うこともできます。

Leçon 34 ❶   1) On <u>devrait</u> pouvoir <u>réserver</u> en <u>ligne</u>.   2) <u>Normalement</u>, ça <u>marchera</u>.

    3) Nous <u>devons</u> recevoir sa réponse <u>avant</u> <u>midi</u>.

  * 1) 助言的な意味は弱まりますが、devrait は doit でも可。   3) recevoir の代わりに avoir も可。

❷   1) J'étais censée arriver hier, mais à cause de la grève, je viens d'arriver à l'instant.

    2) Le calendrier sera certainement modifié.

    3) Le chef ne devrait-il pas être en voyage d'affaires à partir de demain ?

    4) Elles doivent trouver la cause de nos erreurs.

❸   1) Nous étions supposés expédier votre commande hier. Mais à cause de la neige, nous l'avons expédiée aujourd'hui. Elle devrait arriver dans quatre jours.

    2) Prends un parapluie avec toi. Il va certainement pleuvoir.

  * 2)「雨が降る」は単純未来の pleuvra でも言えますが、「確実に」と現在の延長として見ている場合は近接未来のほうが、例えば「今の空模様からすると」といったニュアンスが伝わりやすくなります。

Leçon 35 ❶   1) On <u>discutera</u> de ça <u>un</u> <u>autre</u> <u>jour</u>.

    2) Mon voyage d'<u>affaires</u> <u>a</u> <u>été</u> <u>annulé</u>.

    3) Il est <u>préférable</u> de <u>reporter</u> la <u>conférence</u>.

❷   1) Une réunion aura lieu le 10 août. Voyez-vous un empêchement ?

2) S'il y a quoi que ce soit, n'hésitez pas à me contacter.

3) La réunion annulée l'autre jour a été reportée à jeudi.

4) Si on reportait notre rendez-vous au dernier week-end du mois d'avril ?

③ 1) Tu ne pourrais pas reporter notre rendez-vous à la fin du mois ?

2) En cas d'empêchement, veuillez signer la procuration.

3) Je suis désolé pour ce contretemps.

* 1) Tu ne pourrais pas の部分は Tu ne peux pas や Tu ne veux pas なども可。

Leçon 36 ❶ 1) Je <u>vous</u> <u>fais</u> <u>savoir</u> mon <u>numéro</u> de portable.

2) <u>Donne</u>-<u>moi</u> tes nouvelles <u>coordonnées</u>.

3) <u>Fais</u>-moi <u>signe</u> si tu <u>trouves</u> des <u>erreurs</u>.

❷ 1) Pourriez-vous m'informer du numéro de suivi de ma commande ?

2) Je vous prie de m'excuser de ne pas vous avoir prévenu du changement.

3) J'ai mis mon patron au courant de la trahison de son secrétaire.

4) Nous sommes heureux de te faire part de notre mariage.

❸ 1) On se tient au courant pour notre rendez-vous du mois prochain.

2) J'ai informé mes collègues de son absence.

3) Elle m'a fait savoir que sa mère avait publié un livre.

* 1) tenir au courant に再帰代名詞の「se」を入れ、「お互いに」の意味を加えています。　2) J'ai mis mes collègues au courant de son absence や J'ai fait savoir son absence à mes collègues も可。　3) 彼女が知らせてきたよりも、母が本を出版したのは前のことなので、avait publié と大過去を使います。

Chapitre 9 まとめ

Je devais arriver à Fukuoka le 10 mais j'ai eu un empêchement au dernier moment. Je pars demain alors peux-tu reporter notre rendez-vous d'une semaine ? Normalement je serai disponible n'importe quel jour la semaine prochaine. J'attends ta réponse.

Si on se voyait le jeudi 17 ? Une des mes réunions a été annulée. Si tu arrives comme prévu, fais-moi signe. Et si tu ne peux pas venir jeudi, préviens-moi à l'avance. De mon côté, s'il y a quoi que soit, je te tiens au courant.

Chapitre 10

Leçon 37 ❶ 1) Tu <u>ne</u> dois <u>pas</u> <u>répondre</u> sans <u>réfléchir</u>.

2) Il <u>me</u> faut <u>décider</u> maintenant.　3) <u>Il</u> <u>faut</u> <u>que</u> tu te <u>reposes</u> <u>un</u> peu.

❷ 1) C'est justement ce qu'il ne te fallait pas faire.

2) Je dois passer à la banque pour retirer de l'argent.

3) Hier matin, j'ai dû envoyer soixante mails.

4) Il faut que j'aille chercher nos invités à l'aéroport.

❸ 1) Je dois acheter des fleurs ce matin pour mon patron.

2) Tu n'aurais pas dû mentir. Il savait tout.

3) Il faut que nous soyons tolérants envers les autres.

＊ 2) il ne fallait pas を使うこともできますが、devoir の条件法過去を使うことで、「すべきでなかったのに、してしまった」という後悔、非難のニュアンスを加えています。

Leçon 38 ❶ 1) Je <u>suis</u> <u>obligé</u> d'arriver <u>plus</u> <u>tôt</u> que lui.
    2) J'<u>ai</u> une question <u>à</u> <u>te</u> poser.
    3) Il <u>faut</u> <u>absolument</u> que nous nous <u>voyions</u> un de ces <u>jours</u>.

❷ 1) Je me suis toujours obligé à faire du mieux possible.
    2) Il est strictement interdit d'emporter ces documents en dehors du bureau.
    3) J'ai été obligée de reporter la visite à cause de la grève.
    4) J'ai encore deux ou trois choses à vous prévenir.

❸ 1) Tu te forces à prendre tous ces médicaments.
    2) C'est un film à ne pas manquer.
    3) Demain, il faut absolument rentrer avant midi.

Leçon 39 ❶ 1) Il <u>est</u> préférable <u>de</u> <u>partir</u> tout de suite.
    2) <u>Il</u> <u>faut</u> agir le <u>plus</u> <u>prudemment</u> <u>possible</u>.
    3) Téléphone-<u>moi</u> ce soir <u>si</u> <u>c'est</u> <u>possible</u>.

❷ 1) C'est pas la peine d'acheter du vin. Il y en a assez.
    2) Il vaut mieux répondre à ce mail le plus vite possible.
    3) Tu n'as plus besoin d'y penser. Ça s'arrangera.
    4) Tu regardes encore la télé ? Tu ferais mieux de te dépêcher.

＊ 1) 口語表現で ne を省略しています。　en は assez de vin の de vin を受けています。

❸ 1) Tu fais la réservation à ma place, si c'est possible.
    2) Ce n'est pas la peine de m'accompagner à la gare.
    3) Je fixerai une date de départ dès que possible.

Leçon 40 ❶ 1) <u>Il</u> est <u>difficile</u> de <u>traduire</u> cette <u>phrase</u>.　2) <u>Je</u> ne <u>sais</u> pas <u>où</u> <u>aller</u>.
    3) Je n'<u>arrive</u> pas <u>à</u> <u>dormir</u>.

❷ 1) Il n'est pas facile de terminer toutes ces tâches tout seul.
    2) J'ai du mal à l'expliquer, alors je vais te montrer comment faire.
    3) Désolé, je ne sais pas comment y aller.
    4) C'est un peu trop. Je ne suis pas capable de tout manger seul.

❸ 1) Il est impossible de gagner un million de yens en un jour.
    2) Je suis incapable d'être gentil avec tout le monde.
    3) Je ne comprends pas pourquoi il a dit ça.

＊ 1) Il n'est pas possible de 〜にも置き換え可。

Chapitre 10 まとめ

Tu peux m'attendre une minute ? J'ai des documents à envoyer.

OK. Dis-moi à quelle heure tu peux terminer ?

Je peux finir avant six heures vingt et on peut partir vers six heures et demie.

Tu n'as pas besoin de te dépêcher*.

Merci. Mais je le fais le plus vite possible.

> * Ce n'est pas la peine de te dépêcher. でも可。また Fais tranquillement.「ゆっくりやって」を使うこともできます。

Aujourd'hui, il faut absolument arriver à l'université avant huit heures. Mais je ne comprends pas pourquoi il est interdit d'aller à l'université à* moto. Ça m'oblige à prendre le train de six heures**, d'ailleurs il est inutile d'acheter un ticket.

> * en moto でも可。

> ** À cause de ça「そのせいで」から始めて À cause de ça, je dois prendre le train de six heures とすることも可。

Chapitre 11

Leçon 41 ① 1) Il n'était pas là, <u>alors</u> je <u>suis</u> <u>retourné</u> chez moi.

2) Il <u>a</u> obtenu le <u>diplôme</u>, <u>si</u> <u>bien</u> <u>qu</u>'il peut <u>commencer</u> à travailler ici.

3) Je <u>vais</u> te <u>montrer</u> des photos, <u>ainsi</u> tu sauras <u>que</u> je suis <u>innocent</u>.

> * 1) alors の代わりに et も可。

② 1) Vous n'êtes pas inscrit, par conséquent vous n'avez pas le droit d'entrer dans la salle.

2) J'ai reçu une lettre officielle. Je suis donc un invité.

3) J'ai été en vacances la semaine dernière. C'est pourquoi je n'ai pas lu les mails de mes clients.

4) Je visiterai le musée. Comme ça, je pourrai regarder l'œuvre dont tu parles.

③ 1) Je suis rentré chez moi à 23 heures, alors j'ai manqué le dîner.

2) Elle vient de partir. Elle n'est donc pas loin.

3) Il a beaucoup changé, si bien que je m'ennuie avec lui.

> * 1) alors は et でも可。

Leçon 42 ① 1) Il va venir <u>parce</u> <u>que</u> c'est <u>lui</u> qui est responsable.

2) <u>Comme</u> elle est <u>timide</u>, elle n'aime pas parler <u>en</u> public.

3) <u>À</u> <u>cause</u> <u>de</u> la bourse, il a <u>tout</u> perdu.

② 1) Je veux passer la soirée avec ma famille, car je partirai demain.

2) Comme il est journaliste et qu'il n'est jamais intimidé, il veut interviewer le Premier ministre.

3) Grâce à sa grand-mère, elle a décidé de devenir diplomate.

4) Puisque mes collègues m'attendent, il faut que j'y aille.

③ 1) À cause de la tempête, l'avion est arrivé avec deux heures de retard.

2) Grâce au retard du vol, j'ai échappé à l'accident.

3) Elle ne mange jamais les gâteaux qu'il apporte parce qu'elle le déteste.

> * 3) Comme elle le déteste, elle ne mange jamais les gâteaux qu'il apporte. なども可。

Leçon 43 ① 1) Je suis venu ici <u>pour</u> <u>la</u> <u>voir</u>.

2) Il a menti dans le <u>seul</u> <u>but</u> que tout le monde ne <u>soit</u> pas <u>triste</u>.

3) <u>Parlons</u> à voix <u>basse</u> de <u>sorte</u> que les enfants ne se <u>réveillent</u> pas.

② 1) Il a économisé cent mille yens afin de s'acheter un ordinateur.

2) Il fera tout ce qu'il faut en vue de l'élection prochaine.

3) Écrivez en grosses lettres pour que tout le monde puisse lire.

4) Suite à votre réponse, j'aimerais vous proposer un plan.

　* 1) acheter は s'acheter にすると「自分のために買う」という意味が強まります。

③ 1) Pour confirmer ce changement, nous vous appellerons la veille de votre départ.

2) Nous allons baisser le prix dans le but de satisfaire nos clients.

3) J'ai caché la preuve de sorte que personne ne remarque mon échec.

Leçon 44 **①**　1) Il faisait <u>tellement</u> <u>froid</u> <u>que</u> je portais un <u>manteau</u> en duvet dans la chambre.

2) Je ne lui dirai <u>plus</u> <u>rien</u> d'<u>autant</u> qu'il ne <u>me</u> croit pas.

3) <u>Vu</u> sa <u>qualité</u>, son <u>prix</u> <u>est</u> raisonnable.

② 1) Ma sœur parle si vite que je ne comprends pas très bien ce qu'elle dit.

2) J'ai tellement de choses à faire que je ne peux pas sortir aujourd'hui.

3) Je l'ai laissée dormir d'autant plus qu'elle était épuisée.

4) Étant donné qu'on a une réunion, il vaut mieux reporter notre rendez-vous.

③ 1) Son histoire était si invraisemblable que personne ne l'a aidé.

2) Je voulais visiter ce temple d'autant plus que je m'intéresse aux statues bouddhiques.

3) J'ai trop mangé.

Chapitre 11 まとめ

Hier, à cause du retard du train, je suis arrivé chez moi deux heures plus tard que d'habitude. Et j'ai raté un épisode de ma série préférée. Pour aller au lit* avant une heure, j'ai dû prendre un bain à onze heures. Je voulais me détendre dans la baignoire** d'autant plus que j'étais très fatigué***. J'ai bu trois verres de whisky pour dormir profondément****. C'est pourquoi j'ai trop dormi et ce matin je suis arrivé en retard.

　* pour me coucher も可。ただ、ここでは文脈から aller au lit のほうが適切でしょう。

　** baignoire ＝浴槽

　*** J'étais tellement fatigué que je voulais me détendre dans la baignoire なども可。

　**** 「ぐっすり眠る」は dormir à poings fermés という表現もあります。

Suite à la conversation téléphonique, je vous envoie les documents imprimés. Veuillez vérifier s'ils* sont corrects.

　* ils = documents

Leçon 45 ① 1) Il peut bien neiger demain.

2) Il est probable qu'il n'acceptera pas cette condition.

3) Il se peut qu'elle soit malade.

② 1) Sans doute qu'ils oublient notre rendez-vous.

2) C'est peut-être très important, mais ce n'est pas obligatoire.

3) Il se peut bien que j'aie complètement tort.

4) Il est possible que je me sois fait tromper.

＊ 3) 間違っている = avoir tort　　4) 騙される = se faire tromper

③ 1) C'est possible.

2) Il est probable que leur discussion dure plus de deux heures.

3) Peut-être que je n'arriverai pas à trouver de bonne solution.

＊ 2) Il est vraisemblable que leur discussion dure plus de deux heures や Leur discussion dure vraisemblablement plus de deux heures なども可。

Leçon 46 ① 1) Elle était sûre que je n'étais pas là.

2) Il devait être au courant de cela.

3) Il est évident que ta situation est très difficile.

＊ 3) évident の代わりに clair も可。

② 1) Mon carnet devrait être dans le deuxième tiroir à partir du bas.

2) Elles cachent sans aucun doute quelque chose.

3) Il est sûr qu'il va se ruiner.

4) Êtes-vous certains que votre frère puisse convaincre votre mère ?

③ 1) Tu dis que tu l'as vue hier ? Tu en es sûr ?

2) Ces médecins vont assurément te sauver la vie.

3) Vous devez vous fâcher contre elle.

＊ 1) tu l'as vue の l' は「彼女」を示しているため、直接目的語に性数一致するルールにより vu には e が付きます。　être sûr de の de が含まれた代名詞を使うことになるので en を使います。

Leçon 47 ① 1) Je ne pense pas que tu aies raison.

2) Je doute que mon fils ait déjà fini ses devoirs.　　3) Imagine que tu sois à Paris.

② 1) À mon avis, tu peux réclamer un remboursement.

2) Je crois que mon ex m'aime encore.

3) Selon ma meilleure amie, il est devenu acteur.

4) Je trouve son dernier roman magnifique.

③ 1) Je trouve qu'il s'y connaît en TIC.

2) Je doute qu'ils aient été à Kyoto la semaine dernière.

3) Je pense que c'est elle qui est la plus sincère.

＊ 1) trouver はニュアンスに応じて pense や crois に変更可。

Leçon 48 ① 1) Son idée m'a semblé originale.

2) Ma fille <u>a</u> l'<u>air</u> d'<u>avoir</u> des problèmes.

3) Je <u>me</u> <u>disais</u> qu'il fallait changer de sujet.

2 1) Il me paraissait impossible de refuser sa proposition.

2) J'ai entendu dire qu'on allait construire un grand immeuble ici.

3) J'avais l'impression de gaspiller mon temps.

4) On dit qu'il a épousé la fille d'un ministre.

＊ 2) allait construire は j'ai entendu dire の複合過去形に合わせて、過去における近接未来の形になっています。

3 1) J'ai entendu dire qu'ils avaient divorcé il y a trois ans.

2) Il paraît qu'il sait tout.

3) Je me demande si c'est à cause de moi qu'il a quitté cette ville.

Chapitre 12 まとめ

Je crois que c'est Jean qui a tué le PDG.

C'est possible. Mais d'après moi, Cosette est aussi suspecte.

Tu es sérieux ? Tu me sembles ne rien comprendre. On dit qu'elle était avec Marius.

Je doute qu'il ait dit la vérité. Parce qu'il est clair qu'il l'aimait.

Oui, c'est vrai qu'ils étaient ensemble mais j'ai entendu dire qu'ils avaient rompu.

Sans doute, ce sont eux qui ont fait courir cette rumeur. Es-tu certain que Jean est le vrai père de Cosette ? J'ai l'impression qu'il y a un complice.

Chapitre 13

Leçon 49 **1** 1) <u>Si</u> tu <u>pars</u> maintenant, tu <u>arriveras</u> <u>à</u> l'heure.

2) <u>Repose</u>-<u>toi</u> bien, <u>sans</u> <u>quoi</u> tu <u>tombes</u> malade.

3) <u>Sans</u> <u>ton</u> <u>aide</u>, nous ne pourrons pas accomplir ce projet.

2 1) Je te prête ce livre à condition que tu me le rendes demain.

2) Préviens-moi de la date de ton arrivée, sinon je ne pourrai pas venir te chercher.

3) Il doit être absent, sinon il m'aurait répondu.

4) Tu me fais signe quand tu es prêt.

＊ 3)「そうであれば返事しているはず」と現実とは異なった過去の仮定の話をしているため、条件法になっています。

3 1) Si vous êtes dans un pays étranger, vous n'êtes pas obligé d'assister à la réunion.

2) Veuillez me contacter avant le 10 juillet. Sinon votre réservation sera annulée.

3) Je me suis occupé de ma nièce à condition que ma sœur me paie un bol d'udon.

＊ 2) Sinon の代わりに Sans quoi も可。

Leçon 50 **1** 1) J'ai réglé ma <u>note</u> d'hôtel <u>à</u> l'<u>avance</u>.　2) Je <u>reviendrai</u> ici <u>fin</u> <u>août</u>.

3) <u>Après</u> <u>avoir</u> signé ce document, merci de me <u>le</u> <u>renvoyez</u>.

2 1) Veuillez nous demander des renseignements après avoir consulté la FAQ.

2) Faites-moi parvenir à l'avance votre avis ?

3) Est-ce que tu ne veux pas aller à Kamakura à la mi-juillet ?

4) Je vous envoie un ticket dans les trois jours qui suivent l'inscription.

③ 1) Vendredi prochain, c'est le dernier délai.

2) La cérémonie aura lieu au début du mois d'avril.

3) Je te fais savoir le résultat dans une semaine au plus tard.

Leçon 51 **①** 1) J'ai <u>tout</u> perdu <u>sauf</u> cette <u>pièce</u> d'un euro.

2) <u>Quant</u> <u>à</u> <u>moi</u>, je ne suis pas d'<u>accord</u>.

3) Indiquez-moi d'<u>une</u> <u>part</u> votre <u>disponibilité</u>, d'<u>autre part</u> <u>quelle</u> date vous conviendrait.

② 1) Soit je suis arrivé trop tôt, soit il est en retard.

2) Ton idée est parfaite sauf qu'elle est coûteuse.

3) En principe, ce film est interdit aux enfants de moins de 12 ans.

4) Ton bistrot n'est pas assez connu, par contre tous les plats sont excellents.

③ 1) À part ça, je n'ai aucun souci.

2) Veuillez nous informer d'une part de la date de départ, d'autre part de la date de retour souhaitée.

3) Vous pouvez choisir d'y aller soit en train, soit en avion.

Leçon 52 **①** 1) <u>En</u> <u>tout</u> <u>cas</u>, rappelle-moi s'il <u>te</u> plaît.

2) Je n'ai pas pu le voir. <u>En</u> <u>fait</u>, il était <u>absent</u>.

3) Ça <u>me</u> <u>plaît</u> beaucoup. <u>En</u> <u>effet</u> je le porte <u>tous</u> <u>les</u> <u>jours</u>.

② 1) Tu dis que tu es occupé ? C'est-à-dire, tu ne viens pas ce soir.

2) Je n'ai pas envie de sortir. En plus il pleut beaucoup.

3) Tu crois qu'elle est partie, n'est-ce pas ? Mais en fait, elle est toujours là.

4) Tu as l'air très fatiguée. – En effet, j'ai eu trois réunions aujourd'hui.

③ 1) En tout cas, merci pour tout.

2) Je reviendrai le lendemain de la conférence, c'est-à-dire le 24.

3) Au fait, tu as changé ton adresse ?

Chapitre 13 まとめ

Une réunion aura lieu à la fin du mois prochain. Si vous êtes en déplacement, vous pouvez y participer en ligne. Sinon, veuillez vous réunir dans la salle de réunion. Par conséquent, faites-nous savoir avant le 8 mars d'une part une date qui vous convient, d'autre part si vous comptez prendre le déjeuner. Quant au déjeuner, vous pouvez choisir soit un bento à la japonaise, soit un bento végétalien.

Si la réunion dure moins de deux heures, je serai disponible tous les jours sauf vendredi, c'est-à-dire du 25 au 28 avril. Par contre, si la réunion a lieu le matin, je ne peux pas y assister. En tous cas, je n'ai pas besoin de déjeuner.

Leçon 53 ❶ 1) Je vais la chercher. <u>Seulement</u>, je ne <u>sais</u> pas <u>si</u> elle m'attend encore.

2) Je t'<u>accompagne</u>, <u>si</u> <u>toutefois</u> ça ne te gêne pas.

3) Il lui a <u>prêté</u> de l'argent. <u>Pourtant</u> il savait bien qu'elle <u>était</u> chômeuse.

＊ 3) savait に合わせて、その知っていた時の状態を示すので半過去 était を使います。

❷ 1) Cet homme est très riche, et pourtant il ne gaspille pas sa fortune.

2) Tu n'es pas encore pardonné. Toutefois, j'accepte ce cadeau.

3) J'ai beaucoup de choses à faire. Pourtant je pense aller au cinéma.

4) J'aimerais bien voyager avec ma famille, seulement je n'ai pas d'argent.

❸ 1) Tu peux louer une villa, seulement tu dois déposer une caution.

2) Ses conseils sont pratiques mais pourtant banals.

3) Il compte changer son ordinateur, cependant il a déjà dépensé tout son budget.

＊ 2) mais か pourtant のどちらか一方を使うだけでも可。

Leçon 54 ❶ 1) <u>Certes</u>, notre <u>budget</u> a été supprimé, <u>mais</u> nous n'avons pas <u>encore</u> renoncé à ce projet.

2) <u>Bien</u> qu'il <u>ait</u> <u>raté</u> son examen, il a l'<u>air</u> content.

＊ 2) Bien qu' は Quoi qu' も可。

❷ 1) Quoiqu'il soit très jeune, il doit être capable d'effectuer ce travail.

2) Tout en sachant que je préfère les chiens, mon mari insiste pour avoir un chat chez nous.

3) Malgré moi, j'ai éclaté de rire.

4) Il a bien écrit encore qu'il y ait quelques fautes.

❸ 1) Il est parti malgré mes conseils.

2) Je vais aller voir ce film bien que tous mes amis le trouvent nul.

3) C'est vrai que j'avais promis mais les choses ont changé.

＊ 2) Je vais aller voir は近接未来。単純未来の J'irai voir でも可。tous mes amis le trouvent nul の le は film。「A を〜とみなす」という構文の「trouver A 〜」を使っています。(→ Leçon47)
3) j'avais promis, certes, ... としても可。「状況が変わった」が複合過去の時制で、それ以前に約束しているため大過去を使います。

Leçon 55 ❶ 1) <u>En</u> <u>fin</u> <u>de</u> <u>compte</u>, qu'est-ce <u>que</u> tu <u>veux</u> faire ?

2) Tu <u>aurais</u> pu me dire à l'<u>avance</u> <u>quand</u> <u>même</u>.

3) Je <u>veux</u> deux <u>bouteilles</u> <u>ou</u> <u>seulement</u> une si vous n'en avez pas plus.

❷ 1) Je parle non seulement le français mais aussi l'espagnol.

2) Ça a l'air un peu difficile. Sinon je pourrai quand même me débrouiller tout seul.

3) Non seulement ces chaussures sont chères mais encore démodées.

4) Je pensais te rembourser mais finalement il me manque toujours cent mille yens.

❸ 1) Ce stage doit être dur mais ça m'intéresse quand même.

2) J'avais beaucoup hésité, mais finalement je me suis décidé.

解答

3) En fin de compte, qu'est-ce que tu veux dire ?

　＊ 3) Mais finalement にも置き換え可。

Leçon 56 ① 1) <u>Si</u> malin <u>qu'il soit</u>, il n'y parviendra pas.

　　　 2) <u>Même</u> <u>si</u> je le <u>sais</u>, je <u>ne</u> te dirai <u>rien</u>.

　　　 3) Vous <u>avez</u> <u>beau</u> faire, <u>rien</u> ne changera.

② 1) C'est la réalité quoi que tu en penses.

　　 2) Quelle que soit votre décision, nous la respecterons.

　　 3) Il ne faut transmettre ce document à qui que ce soit.

　　 4) Je le ferai même si tout le monde n'est pas d'accord.

　＊ 3) il ne faut pas とすると「誰であっても」と否定が重なるため pas を付けていません。

③ 1) Si vous avez besoin de quoi que ce soit, n'hésitez pas à me le dire.

　　 2) Quel que soit le prix, j'achèterai certainement le dernier modèle de smartphone.

　　 3) J'écoute n'importe quel genre de musique.

　＊ 1) 代名詞の le は中性代名詞で「必要なことがある」という状況を示しています。

Chapitre 14 まとめ

Je pense aller voir la comédie musicale *Les Misérables* le mois prochain, tu veux venir avec moi ? Seulement je ne suis pas sûr qu'on puisse encore trouver des places. Bien que la mise en scène n'ait pas bonne réputation, je veux la voir quand même. Quelle que soit la réputation, c'est la pièce dont on parle beaucoup. Si tu es intéressée*, fais-moi savoir ta disponibilité et la catégorie de place que tu préfères.

　＊ ここではメールの相手を女性と想定し、intéressé を女性形にしています。

Merci de m'avoir invitée. C'est vrai que ce n'est pas la pièce que je veux absolument voir, mais ça m'intéresse quand même un peu. Malgré la réputation, je pourrais l'aimer. Je suis disponible le week-end sauf le 19. Et n'importe quelle catégorie me convient.

Chapitre 15

Leçon 57 ① 1) <u>Chère collègue</u>.　 2) <u>À</u> très bientôt. <u>Amicalement</u>.

　　　 3) <u>Passez</u> un <u>bon</u> week-end. <u>Bien à vous</u>.

② 1) Dis bonjour à ta famille.　 2) Dis-moi quand tu es disponible. A+.

　　 3) En attendant votre réponse, je vous prie d'agréer l'expression de mes sentiments distingués.

　　 4) Veuillez nous faire part de votre opinion. Bien sincèrement à vous.

③ 1) Transmettez mes salutations à vos collègues.

　　 2) Dans l'attente de votre réponse positive, je vous prie de recevoir mes respecteuses salutations.

　　 3) Je vous souhaite un bon dimanche. Cordialement.

Leçon 58 ❶ 1) À faire : courses, <u>ménage</u>, <u>devoirs</u>.

2) Mon frère, très <u>intelligent</u>, est <u>devenu</u> <u>avocat</u>.

3) <u>À propos</u>, tu l'as vu <u>récemment</u> ?

❷ 1) Il m'a dit : « tu as l'air fatigué. »

2) Ma mère est ravie : j'ai enfin publié un roman.

3) C'est impossible. D'abord, on n'a pas d'argent, ensuite on n'a pas le temps.

4) Soit dit en passant, je n'en ai pas envie.

＊ 4) en は avoir envie de の de を含んだ代名詞。

❸ 1) La deuxième ligne à partir du bas indique « jusqu'au 6 avril ».

2) Tout d'abord j'explique le plan, ensuite M. Yamada le complète et enfin notre chef répond aux questions.

3) M. Yamashita, notre directeur, fait trop de voyages d'affaires.

Leçon 59 ❶ 1) <u>Nous</u> <u>avons</u> le grand <u>plaisir</u> de t'annoncer notre <u>mariage</u>.

2) C'est <u>avec</u> un grand <u>plaisir</u> que j'ai <u>reçu</u> cette <u>merveilleuse</u> nouvelle.

3) J'ai la <u>douleur</u> <u>de</u> vous faire <u>part</u> du <u>décès</u> de notre PDG.

＊ 2) merveilleuse nouvelle は、bonne nouvelle や heureuse nouvelle も可。

❷ 1) C'est avec la plus grande peine que nous avons appris le décès de M. Dubois.

2) C'est avec une grande joie que j'ai appris l'admission à l'université de ta fille.

3) J'espère que ce n'est pas très grave. Repose-toi bien.

4) J'ai le plaisir de vous informer que j'ai enfin obtenu mon diplôme.

❸ 1) Je vous présente mes condoléances.

2) C'est avec une grande joie que j'ai appris votre promotion.

3) C'est avec beaucoup de peine que nous avons appris cette nouvelle.

Leçon 60 ❶ 1) <u>Puis</u>-je <u>me</u> <u>permettre</u> <u>de</u> vous <u>poser</u> des questions ?

2) <u>Veuillez</u> <u>remplir</u> ce formulaire.

3) <u>Auriez</u>-vous la <u>possibilité</u> <u>de</u> citer quelques <u>exemples</u> ?

❷ 1) Auriez-vous la gentillesse de m'expliquer cela en détail ?

2) Veuillez avoir l'amabilité de baisser le son.

3) Je vous prie de bien vouloir me faire parvenir le fichier.

4) Auriez-vous la bonté de ne pas jouer du piano après 21 heures.

❸ 1) Veuillez me répondre le plus vite possible.

2) Auriez-vous la possibilité de me suggérer une autre date ?

3) Puis-je me permettre de vous demander des informations supplémentaires ?

Chapitre 15 まとめ

Chers collègues,

Comme convenu, une réunion aura lieu. Veuillez choisir les dates qui vous conviennent parmi les suivantes et répondre à ce mail : le 25 mai, le 27 mai, le 2 juin. Il est prévu que la réunion aura lieu dans la matinée et durera deux heures. Tout

d'abord, on expliquera le compte rendu du séminaire du mois dernier et ensuite
M. Watanabe, chef d'équipe, proposera le séminaire prochain.
Bien à vous.

Bonjour,
J'ai été étonné d'apprendre que tu avais été hospitalisé*. J'espère que ce n'est pas
très grave. Je te souhaite un prompt rétablissement.

　* 驚いた（ai été étonné 複合過去）よりも、入院したことのほうが前のできごとなので、大
　過去（avait été hospitalisé）を使います。

Leçon 61 ① 1) Je te remercie de m'avoir envoyé un joli cadeau.
　　　2) Merci infiniment pour tout.　3) Merci d'avance pour ton aide.
　* 2) infiniment の代わりに sincèrement「心から」なども可。

② 1) Merci de m'avoir invité chez vous samedi soir.
　2) Je ne sais comment vous remercier pour votre gentillesse.
　3) Je te remercie infiniment de tout ce que tu as fait pour moi.
　4) Nous tenons à remercier de tout cœur pour votre proposition.

③ 1) Merci à tous pour être venus me voir.
　2) Merci encore une fois pour tes propos encourageants.
　3) Est-ce que tu peux m'aider un peu ce week-end ? Je te remercie d'avance.

Leçon 62 ① 1) Je ne dis pas non.　2) J'ai bien reçu ton colis aujourd'hui.
　　　3) Je te promets de te rejoindre dans une heure.

② 1) Je suis rassuré en sachant que tu vas bien.
　2) Je suis d'accord pour reconsidérer notre plan.
　3) Dis bonjour à tes collègues. – OK. Ce sera fait.
　4) Nous avons bien reçu votre commande. Nous vous remercions sincèrement.

③ 1) Je suis d'accord avec toi.
　2) Passe ces documents à M. Saïto demain. – OK, c'est noté.
　3) Si on allait manger des sushis ce soir ?　– Ce n'est pas de refus.
　* 3) Je ne dis pas non や C'est une bonne idée も可。

Leçon 63 ① 1) Je n'ai pas bien compris ce que vous m'aviez indiqué.
　　　2) Grâce à vous, je suis arrivé à rédiger un compte rendu.
　　　3) Toutes mes félicitations pour ta promotion.

② 1) Je viens d'apprendre que ton projet a été adopté. Félicitations pour ce succès.
　2) C'est moi qui te remercie pour tes conseils précis.
　3) Tu veux te servir de ma voiture ? OK, aucun problème.
　4) Sans toi, notre voyage n'aurait pas été si agréable.
　* 3) se servir de ～ = ～を使う　　4)「君がいなかったら、旅はここまで楽しくなかった」

が直訳で、現実に起きたこととは異なる仮定の話をしているため、条件法過去を使います。

❸ 1) Bravo à tous. C'est nous qui avons gagné.
2) Ne t'en fais pas. Pas de problème.
3) Excusez-moi, mais je n'ai pas bien compris quel est le problème.
＊ 2) Ne t'inquiète pas も可。

Leçon 64 ❶ 1) <u>Excuse</u>-<u>moi</u> <u>pour</u> la réponse aussi <u>tardive</u>.
2) <u>Pourriez</u>-vous <u>vérifier</u> <u>si</u> vous avez bien reçu mes dossiers.
3) <u>Désolé</u> ! J'ai <u>complètement</u> <u>oublié</u> notre rendez-vous.

❷ 1) Je suis vraiment désolé mais je voudrais reporter notre rendez-vous à la semaine prochaine.
2) Je suis très embêtée de ne pas pouvoir accompagner ta fille mais je ne serai pas à Tokyo ce jour-là.
3) Je vous prie sincèrement de m'excuser pour mes comportements d'hier.
4) Tout d'abord, je présente toutes mes excuses pour ce qui s'est passé.

❸ 1) Veuillez nous excuser pour ce changement inattendu.
2) Désolé. Je ne suis pas du tout disponible cette semaine.
3) Je vous prie de m'excuser pour ne pas avoir confirmé la date de la réunion.

Chapitre 16 まとめ

Merci pour ton mail. Je suis rassuré d'apprendre que tu as été admis à étudier en France. Félicitations. Pour fêter ton succès, si on allait dîner ensemble samedi ?

C'est moi qui te remercie. Grâce à ton aide, je suis arrivé à réussir au concours＊. OK pour samedi mais tu te souviens de notre rendez-vous de dimanche ?

Désolé. J'ai complètement oublié le rendez-vous de dimanche. J'ai vérifié mon agenda mais sans doute j'avais oublié de le＊＊ noter. Est-ce qu'on peut reporter le rendez-vous de dimanche ?

Pas de problème. Alors on se verra samedi. Merci une fois encore pour ton mail de félicitations.

＊ 選抜試験は examen ではなく concours を使います。
＊＊ 代名詞の le は le rendez-vous を示しています。

著者紹介
塩谷祐人（えんや　まさと）
明治学院大学文学博士。現在、明治学院大学教養教育センター准教授。専門はフランス現代文学・亡命文学。編著に『対訳　フランス語で読む「恐るべき子どもたち」』（白水社、2017 年）、訳書に『レペルトワール　Ⅰ』『レペルトワール　Ⅱ』（ミシェル・ビュトール、石橋正孝監訳、共訳、幻戯書房、2020 年）、『バルザックと 19 世紀パリの食卓』（アンカ・ミュルシュタイン、白水社、2013 年）など。

表現パターンを身につけるフランス語作文

2022 年 9 月 25 日　第 1 刷発行
2023 年 12 月 20 日　第 2 刷発行

著　者 ©　塩　谷　祐　人

発行者　　岩　堀　雅　己

印刷所　　開成印刷株式会社

発行所　　101-0052 東京都千代田区神田小川町 3 の 24
電話 03-3291-7811（営業部），7821（編集部）
www.hakusuisha.co.jp　　　株式会社　白水社
乱丁・落丁本は送料小社負担にてお取り替えいたします。

振替 00190-5-33228　　Printed in Japan　　加瀬製本

ISBN 978-4-560-08944-6